1.3 Ereignisse

1.3.1 Eine Urne enthält 90 gleichartige Kugeln mit den Nummern 10 , 11 , ... , 99. Eine Kugel wird zufällig gezogen. Es bezeichne i die erste und j die zweite Ziffer ihrer Nummer. Gib die Ergebnismenge an und stelle folgende Ereignisse durch Teilmengen von Ω dar:

(a) Die Nummer der gezogenen Kugel besitzt die Quersumme 9, d. h. es gilt $i + j = 9$.

(b) $i + j \leq 18$

(c) $i \cdot j = 13$

(d) $i + j = 5 \wedge i - j = 1$

1.3.2 Zwei unterscheidbare Würfel werden geworfen und ihre Augenzahlen notiert. Gib die Ergebnismenge an und stelle die folgenden Ereignisse durch Mengen in aufzählender Form dar:

(a) Die Augensumme ist kleiner als 7.

(b) Die Augensumme ist ungerade.

(c) Beide Würfel zeigen dieselbe Augenzahl.

(d) Die Augensumme beträgt genau 4.

(e) Die Augensumme beträgt höchstens 6.

(f) Die Augenzahlen der Würfel unterscheiden sich um mehr als 3.

(g) Die Augensumme ist durch 6 teilbar.

(h) Die Augensumme ist 1.

(i) Die Augensumme ist kleiner als 15.

(j) Das Produkt der Augenzahlen ist 16.

(k) Die Differenz der Augenzahlen ist eine ganze Zahl.

1.3.3 In einer Urne befinden sich schwarze und weiße Kugeln. Es wird eine Kugel gezogen, ihre Farbe festgestellt und wieder zurückgelegt. Dies geschieht dreimal. Gib die Ergebnismenge an und beschreibe folgende Ereignisse durch Mengen:

(a) Es werden mindestens zwei weiße Kugeln gezogen.

(b) Es wird höchstens eine weiße Kugel gezogen.

(c) Es werden drei schwarze Kugeln gezogen.

(d) Es werden höchstens drei weiße Kugeln gezogen.

(e) Es werden ebenso viele schwarze wie weiße Kugeln gezogen.

(f) Beim ersten Mal wird eine weiße Kugel gezogen.

1.3.4 Gegeben ist das Zufallsexperiment »Drehen eines Glücksrades mit 4 Sektoren« gemäß Bild 1.1 .

(a) Gib die Ergebnismenge Ω an.

(b) Gib alle Ereignisse dieses Zufallsexperiments an.

(c) Bei einem Versuch wird das Ergebnis 4 beobachtet. Unterstreiche in der Lösung zu (b) alle Ereignisse, die dann eingetreten sind.

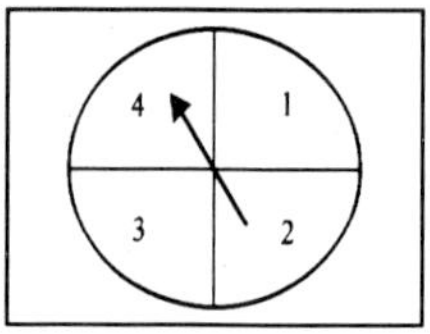

Bild 1.1

1.3.5 Bei der mündlichen Abiturprüfung müssen im Fach Mathematik vier Kandidaten der Reihe nach antreten. Verwende das Symbol 1 für »bestanden« und 0 für »durchgefallen« und gib damit folgende Ereignisse an:

(a) Der zweite Prüfling fällt durch.

(b) Mindestens zwei Prüflinge fallen durch.

(c) Genau drei Prüflinge fallen durch.

(d) Genau der zweite Prüfling besteht.

(e) Der erste oder der zweite Prüfling besteht.

(f) Der zweite und der vierte Prüfling fallen durch.

1.3.6 Bei einer Mitgliederversammlung eines Vereins sind das Amt des Vorsitzenden sowie dessen Stellvertreters neu zu besetzen. Als Kandidaten konnten die Herren Schmidt (S), Müller (M) und Weber (W) gewonnen werden. Beschreibe die folgenden Ereignisse durch Mengen:

(a) Herr Schmidt wird zum Vorsitzenden gewählt.

(b) Herr Müller wird zum Vorsitzenden oder zum Stellvertreter gewählt.

(c) Herr Weber wird nicht zum Vorsitzenden gewählt.

1.3.7 Zwei Männer und drei Frauen tragen einen Schwimmwettbewerb aus. Beschreibe die folgenden Ereignisse durch Mengen:

(a) Eine Frau gewinnt nicht.

(b) Unter den ersten zwei ist genau eine Frau.

(c) Als letzter erreicht ein Mann das Ziel.

1.3.8 Es wird folgendes Zufallsexperiment betrachtet: »Dreimaliges Werfen einer Münze und Feststellen, ob Kopf (K) oder Zahl (Z) oben liegt.« Formuliere folgende Ereignisse in Worten:

(a) $E_1 = \{ KKZ, KZK, ZKK \}$ (b) $E_2 = \{ KKK, KKZ, ZKK, ZKZ \}$

(c) $E_3 = \{ KZZ, ZKZ, ZZK, ZZZ \}$ (d) $E_4 = \{ KZK, KZZ, ZZK, ZZZ \}$

1.3.9 (a) Gib für $n = 0, 1, 2, 3$ mit Hilfe je eines Beispiels alle Teilmengen einer n-elementigen Menge an.

(b) Beweise durch vollständige Induktion:
Eine n-elementige Menge besitzt 2^n Teilmengen.

1.4 Verknüpfungen von Ereignissen

1.4.1 Betrachtet wird ein Zufallsexperiment mit der Ergebnismenge $\Omega = \{1,2,3,4,5\}$ sowie die Ereignisse $A = \{1,2,3\}$, $B = \{3,4\}$ und $C = \{1,5\}$. Drücke die folgenden Ereignisse durch A, B und C aus:

(a) die Ereignisse $D = \{1,2,3,4\}$ und $E = \{4,5\}$,

(b) die Ereignisse $F = \{1,3,5\}$, $G = \{2,4\}$ und $H = \{1,4\}$,

(c) alle Elementarereignisse.

1.4.2 Beschreibe in der Ereignissprache das folgende aus den Ereignissen A und B gebildete Ereignis:

(a) Keines der Ereignisse A und B tritt ein.

(b) A tritt ein oder B tritt nicht ein.

(c) Eines der Ereignisse A oder B tritt ein, das jeweils andere dagegen nicht.

(d) Nicht beide Ereignisse A und B treten ein.

(e) Höchstens eines der Ereignisse A oder B tritt ein.

(f) Mindestens eines der Ereignisse A oder B tritt ein.

(g) Genau eines der Ereignisse A oder B tritt ein.

1.4.3 A, B und C seien Ereignisse derselben Ereignismenge $\wp(\Omega)$. Stelle mit Hilfe der Symbole $\cap$ für das Und-Ereignis, $\cup$ für das Oder-Ereignis und $\bar{}$ für das Gegenereignis die folgenden verknüpften Ereignisse dar:

(a) Es tritt nur A ein, jedoch weder B noch C.

(b) A tritt nicht ein, dafür aber B und C.

(c) A und B treten ein, nicht jedoch C.

(d) Weder A noch B noch C treten ein.

(e) Alle drei Ereignisse treten zugleich ein oder zugleich nicht ein.

(f) Es tritt entweder A oder B oder C ein.

(g) Es treten höchstens zwei der drei Ereignisse A, B, C ein.

1.4.4 A, B und C seien Ereignisse derselben Ereignismenge $\wp(\Omega)$. Stelle mit Hilfe der Symbole $\cap$ für das Und-Ereignis, $\cup$ für das Oder-Ereignis und $\bar{}$ für das Gegenereignis die folgenden verknüpften Ereignisse dar:

(a) Jedes der drei Ereignisse tritt ein.

(b) Keines der drei Ereignisse tritt ein.

(c) Genau eins der drei Ereignisse tritt ein.

(d) Mindestens eins der drei Ereignisse tritt ein.

1. ZUFALLSEXPERIMENTE UND EREIGNISSE

1.1 Zufallsexperimente

1.1.1 An welchen Stellen spielt bei den Spielen Mensch-ärgere-Dich-nicht, Schach, Skat, Mühle, Monopoly der Zufall eine Rolle?

1.1.2 Gib für das Zufallsexperiment »Werfen dreier Würfel und Notieren der Augensumme« die Ergebnismenge Ω an.

1.1.3 Deute die folgenden Glücksspiele als Zufallsexperimente und gib mit sinnvollen Abkürzungen für die einzelnen Ergebnisse die Ergebnismenge Ω sowie deren Mächtigkeit an:

(a) erstmaliges Ziehen einer Zahl beim Lotto 6 aus 49,

(b) einmalige Beteiligung am Roulette-Spiel,

(c) Wette auf Ausgang eines Fußballspiels (Heimsieg, Unentschieden, Auswärtssieg).

1.1.4 Das Werfen einer Münze und Feststellen der Zahl der Würfe wird als Zufallsexperiment aufgefasst. Gib die Ergebnismenge für folgende Situationen an:

(a) Die Münze wird solange geworfen bis zum ersten Mal Zahl fällt, jedoch höchstens siebenmal.

(b) Die Münze wird solange geworfen bis erstmals Kopf fällt.

1.1.5 Bei einer Meinungsumfrage zur Sonntagsfrage »Wie würden Sie entscheiden, wenn kommenden Sonntag Bundestagswahlen stattfänden?« kann sich der Befragte für eine der im Bundestag vertretenen Parteien C,F,G,S oder für eine sonstige Partei (So) entscheiden oder aber auch keine Meinung (K) äußern. Prüfe, ob folgende Mengen zulässige Ergebnismengen für diese Umfrage sind:

(a) $\Omega_1 = \{C,F,G,S,So,K\}$ (b) $\Omega_2 = \{C \cup F \cup G \cup S\ ,\ So \cup K\}$

(c) $\Omega_3 = \{C \cup F\ ,\ S \cup G\ ,\ So \cup K\}$ (d) $\Omega_4 = \{C \cup F \cup G\ ,\ So,\ K\}$

1.1.6 Bei einem Fernsehquiz hat der Sieger der Vorausscheidung die Chance, acht Fragen zu beantworten. Nach der richtigen Beantwortung einer Frage, kann der Teilnehmer entscheiden, ob er weitermachen oder sich mit der bis dahin angesammelten Gewinnsumme begnügen will. Für die richtige Antwort auf die erste Frage gibt es 100 DM, mit jeder weiteren Frage verdoppelt sich die Gewinnsumme. Bei einer falschen Antwort ist das gesamte Geld verloren. Gib die Ergebnismenge für dieses Spiel an.

1.2 Mehrstufige Zufallsexperimente

1.2.1 Ein Würfel wird zweimal geworfen. Nenne drei mögliche Ergebnisse. Gib die Ergebnismenge Ω als Produktmenge an.

1.2.2 Eine Münze wird viermal geworfen und es wird dabei festgestellt, ob Kopf oder Zahl oben liegt. Zeichne den zugehörigen Ergebnisbaum und gib die Ergebnismenge sowie deren Mächtigkeit an.

1.2.3 In einer Urne befinden sich sechs weiße und zwei rote Kugeln. Gib zu den folgenden Zufallsexperimenten passende Ergebnismengen an:

(a) Eine Kugel wird gezogen, ihre Farbe festgestellt und danach wieder zurückgelegt. Der Vorgang wird anschließend noch zweimal wiederholt.

(b) Eine Kugel wird gezogen, ihre Farbe festgestellt und danach jedoch nicht wieder zurückgelegt. Der Vorgang wird dann zweimal wiederholt.

(c) Drei Kugeln werden gleichzeitig gezogen und ihre Farben festgestellt.

(d) Es werden solange Kugeln mit Zurücklegen gezogen, bis eine weiße Kugel gezogen wird, jedoch höchstens viermal.

(e) Es werden solange Kugeln ohne Zurücklegen gezogen, bis man eine weiße Kugel zieht.

1.2.4 Eine Urne enthält eine rote, zwei schwarze und drei weiße Kugeln. Es werden zwei Kugeln gleichzeitig ausgewählt und ihre Farben festgestellt. Ehe eine dritte Kugel entnommen wird, werden die gezogenen Kugeln wieder in die Urne zurückgemischt. Welche Ergebnismenge ist zu verwenden?

1.2.5 Zwei gleiche Würfel werden gleichzeitig geworfen, und zwar so lange, bis eine Doppelsechs erscheint, höchstens aber viermal. Konstruiere eine geeignete Ergebnismenge.

1.2.6 Zwei Freunde vereinbaren für ein Tennisspiel folgende Gewinnregel: Sieger ist, wer zwei Spiele nacheinander oder insgesamt drei Spiele gewinnt.

(a) Gib eine geeignete Ergebnismenge an.

(b) Wie viele Gewinnmöglichkeiten gibt es für jeden der Freunde?

1.2.7 Ein Spieler spielt »17 und 4« um einen Einsatz von 10 DM. Er will höchstens fünfmal spielen und aufhören, wenn er entweder sein Geld verloren oder aber 30 DM hinzugewonnen hat. Zu Beginn des Spiels besitzt er 20 DM.

(a) Gib alle möglichen Spielverläufe an. Zeichne dazu einen Ergebnisbaum.

(b) Wie viele unterschiedliche Spielverläufe gibt es und mit welchen Geldbeträgen kann der Spieler das Spielkasino verlassen?

(e) Höchstens eins der drei Ereignisse tritt ein.

(f) Genau zwei Ereignisse treten ein.

(g) Mindestens zwei Ereignisse treten ein.

(h) Mindestens ein Ereignis tritt nicht ein.

(i) Nur das Ereignis B tritt ein.

(j) Nur die Ereignisse A und C treten ein.

1.4.5 Gib die Ergebnismenge an und stelle dann das beschriebene Ereignis E mit Hilfe der Komplementmenge dar.

(a) Eine Münze wird zehnmal geworfen. Es wird festgestellt, ob Kopf oder Zahl oben liegt.
Ereignis E: Es liegt mindestens einmal Kopf oben.

(b) Ein Würfel wird dreimal geworfen und die Augenzahl festgestellt.
Ereignis E: Die Augensumme ist kleiner als 17.

1.4.6 Beim Werfen eines Würfels ist die Ergebnismenge $\Omega = \{ 1,2,3,4,5,6 \}$. Es werden die Ereignisse $A = \{ 4,5,6 \}$ und $B = \{ 2,3,6 \}$ betrachtet.
Bestimme die Ereignisse $\overline{A}$, $\overline{B}$, $A \cap \overline{B}$, $\overline{A} \cup B$ und $\overline{A} \cap \overline{B}$.

1.4.7 Drei unterscheidbare Münzen werden gleichzeitig geworfen, wobei Z für Zahl und K für Kopf steht.

(a) Gilt $\{\overline{KKK}\} = \{ZZZ\}$?

(b) Bestimme das Ereignis »höchstens einmal Kopf« und dessen Gegenereignis.

1.4.8 In einer Urne befinden sich zwanzig durchnummerierte Kugeln. Die Kugeln mit den Nummern 7,8,...,15 sind rot, die restlichen weiß. Es wird eine Kugel gezogen. Die Ergebnismenge ist $\Omega = \{1,2,\ldots,20\}$. A bezeichne das Ereignis, dass eine rote Kugel gezogen wird, B das Ereignis, dass eine Kugel mit einstelliger Nummer gezogen wird. Beschreibe die folgenden Ereignisse umgangssprachlich und gib ihre Elemente sowie ihre Elementanzahl an.

(a) $A \cap B$ (b) $A \cup B$

(c) $\overline{A}$ (d) $\overline{A} \cap B$

(e) $\overline{A} \cap \overline{B}$ (f) $\overline{A \cup B}$

(g) $\overline{A} \cup \overline{B}$ (h) $\overline{A \cap B}$

(i) $(A \cap \overline{B}) \cup (\overline{A} \cap B)$ (j) $(A \cap \overline{B}) \cup (A \cap B)$

1.4.9 Bei der Endkontrolle werden fünf Computer-Chips einer Herstellungsserie auf ihre Funktionalität überprüft. Es treten die folgenden Ereignisse auf:

A : »Mindestens ein Chip funktioniert nicht.«

B : »Höchstens ein Chip funktioniert nicht.«

Interpretiere die folgenden Ereignisse:

(a) $\overline{A}$ (b) $\overline{B}$ (c) $A \cap B$ (d) $A \cup B$

(e) $A \setminus B$ (f) $B \setminus A$ (g) $A \cup \overline{B}$ (h) $\overline{A} \cup B$

(i) $\overline{A} \cap \overline{B}$ (j) $\overline{A} \cup \overline{B}$

1.4.10 Es sei Ω die Ergebnismenge eines Zufallsexperiments und A,B,C Teilmengen von Ω. Mache dir die folgenden Gesetze der MENGENALGEBRA anhand von Mengenbildern klar:

(a) Gesetze von de Morgan: $\overline{A \cup B} = \overline{A} \cap \overline{B}$

$\overline{A \cap B} = \overline{A} \cup \overline{B}$

(b) Distributivgesetze: $A \cup (B \cap C) = (A \cup B) \cap (A \cup C)$

$A \cap (B \cup C) = (A \cap B) \cup (A \cap C)$

(c) Zerlegungsgesetze: $A = (A \cap B) \cup (A \cap \overline{B})$

$A = (A \cup B) \cap (A \cup \overline{B})$

1.4.11 Bei einer Kampfabstimmung um den Fraktionsvorsitz einer Bundestagspartei kandidieren die Abgeordneten Müller (M), Schmidt (S) und Weber (W). Es werden folgende Ereignisse betrachtet:

A: »Müller wird bei der Abstimmung letzter.«

B: »Schmidt bekommt nicht die wenigsten Stimmen.«

C: »Weber wird zum Vorsitzenden gewählt.«

Welche Wahlausgänge sind in den nachfolgenden Ereignissen möglich:

(a) $E_1 = A \cap B \cap C$ (b) $E_2 = \overline{A \cup B \cup C}$

(c) $E_3 = A \cup (\overline{B} \cap C)$ (d) $E_4 = (A \cup B) \cap \overline{C}$

1.4.12 Eine Firma verschickt Mahnungen an drei säumige Kunden. Die Mahnungen werden in bereits adressierte Umschläge gesteckt. Es bedeute

i : »Mahnung i steckt im richtigen Umschlag.« für i = 1,2,3 .

Beschreibe verbal die folgenden Ereignisse:

(a) $1 \cap 2 \cap 3$ (b) $1 \cup 2 \cup 3$

(c) $\overline{1} \cap \overline{2} \cap \overline{3}$ (d) $\overline{1} \cup \overline{2} \cup \overline{3}$

(e) $(1 \cap \overline{2} \cap \overline{3}) \cup (\overline{1} \cap 2 \cap \overline{3}) \cup (\overline{1} \cap \overline{2} \cap 3)$

(f) $1 \cap 2 \cap \overline{3}$

1.4.13 Betrachtet wird das Zufallsexperiment: Zweimaliges Werfen eines Würfels und Feststellen der Augenzahl. Gib in umgangssprachlicher Formulierung und in Mengenschreibweise an:

(a) zwei Ereignisse A, B mit $A \subset B$,

(b) zwei Ereignisse A, B mit $\overline{A} \subset B$,

(c) zwei unvereinbare Ereignisse,

(d) drei Ereignisse A, B, C, die paarweise unvereinbar sind.

1.4.14 Untersuche, ob folgende Ereignisse unvereinbar sind:

(a) $A\ ,\ \overline{\overline{A} \cup B}$ (b) $A\ ,\ \overline{\overline{A} \cap B}$

(c) $A\ ,\ \overline{A} \cap B$ (d) $\overline{\overline{A} \cup B}\ ,\ \overline{A} \cap B$

1.4.15 Überprüfe die Gültigkeit folgender Aussagen: Sind A und B unvereinbar, so sind:

(a) $\overline{A}\ ,\ \overline{B}$ unvereinbar,

(b) $\overline{A}\ ,\ B$ unvereinbar,

(c) $\overline{A}\ ,\ \overline{B}$ vereinbar,

(d) $\overline{A}\ ,\ B$ vereinbar.

Gib gegebenenfalls Gegenbeispiele an.

2. DAS WAHRSCHEINLICHKEITSMAß

2.1 Relative Häufigkeiten

2.1.1 Es wird folgendes Zufallsexperiment betrachtet: Werfen zweier Würfel und Feststellen der Augensumme. Die Ergebnismenge ist $\Omega = \{2,3,\ldots,12\}$. Bei einer Versuchsserie der Länge 100 ergab sich folgende Ergebnisliste:

8	9	11	2	4	10	7	7	6	11
9	6	9	6	6	4	5	4	6	5
11	7	8	6	5	8	2	9	5	6
4	6	7	9	11	5	6	10	11	8
7	8	7	8	7	4	5	2	10	9
12	8	9	10	7	3	5	5	5	12
4	10	6	10	3	6	6	8	4	9
3	8	6	6	12	7	9	11	10	10
10	8	7	5	4	7	11	5	8	7
11	8	9	8	7	11	7	7	9	6

(a) Erstelle für die Elementarereignisse eine Häufigkeitstabelle. Berechne ihre relativen Häufigkeiten in dieser Versuchsserie.

(b) Berechne die relativen Häufigkeiten folgender Ereignisse:

A : Die Augensumme ist größer als 7.

B : Die Augensumme beträgt höchstens 5.

C : Die Augensumme beträgt mindestens 5, höchstens jedoch 8.

2.1.2 Es wird folgendes Zufallsexperiment betrachtet:

Eine Urne A enthält 20 Kugeln: 7 rote und 13 weiße. Eine Urne B enthält 10 Kugeln: 6 rote und 4 schwarze. Zuerst wird eine Urne ausgewählt. Danach werden aus der ausgewählten Urne zwei Kugeln mit Zurücklegen gezogen und ihre Farben festgestellt.

Ergebnismenge:

$\{(A,r,r)\ ;\ (A,r,w)\ ;\ (A,w,r)\ ;\ (A,w,w)\ ;\ (B,r,r)\ ;\ (B,r,s)\ ;\ (B,s,r)\ ;\ (B,s,s)\}$.

Es wird eine Versuchsserie der Länge 5000 durchgeführt und die absoluten Häufigkeiten der Elementarereignisse gezählt:

{(A,r,r)}	{(A,r,w)}	{(A,w,r)}	{(A,w,w)}	{(B,r,r)}	{(B,r,s)}	{(B,s,r)}	{(B,s,s)}
302	573	568	1057	894	606	593	407

(a) Berechne die relativen Häufigkeiten der Elementarereignisse.

(b) Ermittle die relativen Häufigkeiten folgender Ereignisse in dieser Versuchsserie:

A : Die Urne A wird gewählt.
B : Zwei rote Kugeln werden gezogen.
C : Genau eine weiße Kugel wird gezogen.
D : Die erste gezogene Kugel ist nicht rot.
E : Zwei gleichfarbige Kugeln werden gezogen.
F : Eine Kugel ist weiß, die andere ist schwarz.

2.1.3 2848 Einwohner einer Stadt sind über 65 Jahren alt, das sind 32%. Wie viele Einwohner hat diese Stadt?

2.1.4 In einer sportbegeisterten Stadt sind 3% der Schüler einer Schule bei der jährlichen Stadtmeisterschaft startberechtigt. Das Gymnasium der Stadt kann in diesem Jahr 23 Schüler melden. Wie viele Schüler hat die Schule ungefähr?

2.1.5 An einem Gymnasium werden zum neuen Schuljahr 98 Sextaner neu aufgenommen. Dies sind ein Neuntel der Gesamtschülerzahl. Wie viele Schüler besuchen das Gymnasium in diesem Schuljahr?

2.1.6 In einem Betrieb sind 30% der Beschäftigten Frauen. 65% der Männer können das Rauchen nicht lassen, insgesamt sind dies 455 männliche Raucher. Wie viele Beschäftigte hat der Betrieb?

2.1.7 Die Anzahl der Angestellten, Arbeiter, Beamten und Selbständigen einer Großstadt verhalten sich wie 5 : 3 : 3 : 1.

(a) Berechne die relativen Häufigkeiten.

(b) Berechne die absoluten Zahlen, wenn die Stadt 402 000 Bewohner zählt und nur 60% der Einwohner berufstätig sind.

2.1.8 Von 225 Fahrzeugen, die während einer Woche bei einer TÜV-Prüfstelle vorgestellt wurden, waren 76% ohne jede Beanstandung. Drei Fahrzeuge wurden sofort stillgelegt, die restlichen mussten zu einer Wiedervorführung geladen werden.

(a) Wie viele Fahrzeuge müssen erneut vorgeführt werden?

(b) Wie groß ist der Prozentsatz der stillgelegten Fahrzeuge?

2.1.9 Ein Deutsch-Französisches-Gymnasium hat 500 Schüler. Von diesen Schülern besitzen 280 die deutsche, 210 die französische und 40 beide Staatsangehörigkeiten.

(a) Berechne die relative Häufigkeit der Schüler, die die deutsche oder die französische Staatsangehörigkeit besitzen.

(b) Wie viele Schüler besitzen weder einen deutschen noch einen französischen Pass?

2.1.10 In einem Bundesland wird vor einer Landtagswahl eine Umfrage bei 2000 Personen durchgeführt. Es entscheiden sich 850 der Befragten für die Partei A, 750 für die Partei B, 250 für die Partei C, der Rest ist noch unentschlossen oder will nicht zur Wahl gehen. Mit welchem Anteil der abgegebenen Stimmen können die drei Parteien rechnen, wenn zwei Fünftel der Unentschlossenen auf keinen Fall zur Wahl geht, von den verbleibenden drei Fünftel 50 eine Splitterpartei (S) wählen und die restlichen sich prozentual wie die Sofortentschlossenen verhalten?

2.2 Der Wahrscheinlichkeitsbegriff

2.2.1 Ein Würfel wird 1000mal geworfen. Dabei werden nach 50, 100, 250, 500 und 1000 Würfen für die einzelnen Augenzahlen die relativen Häufigkeiten berechnet. Es ergaben sich die folgenden Werte:

n	50	100	250	500	1000
h(1)	0,120	0,130	0,120	0,130	0,135
h(2)	0,200	0,180	0,220	0,190	0,196
h(3)	0,100	0,110	0,100	0,120	0,112
h(4)	0,160	0,170	0,160	0,150	0,156
h(5)	0,120	0,140	0,120	0,130	0,125
h(6)	0,300	0,270	0,280	0,280	0,276

(a) Weshalb ist ein derartiger Würfel für Gesellschaftspiele wie beispielsweise "Mensch-ärgere-Dich-nicht" ungeeignet?

(b) Welche Werte müssten die relativen Häufigkeiten bei einem geeigneten Würfel besitzen?

(c) Mit welcher Anzahl von Sechsen kann man gemäß obiger Tabelle bei dem betrachteten Würfel in einer Serie von 5000 Würfen rechnen? Wodurch ist diese Annahme gerechtfertigt?

2.2.2 Durch die Auswertung sehr umfangreicher Statistiken weiß man bereits sehr lange, dass sich bei ungestörter Bevölkerungsentwicklung ein Männerüberschuss einstellt. Die relative Häufigkeit für eine Knabengeburt stabilisiert sich unter normalen Bedingungen auf den Wert 0,514.
Die folgende Tabelle zeigt einen Auszug aus der Geburtenstatistik der Bundesrepublik Deutschland. Aufgelistet sind die Jahre 1946 - 1950 (unmittelbare Nachkriegszeit) sowie die Jahre 1966 - 1970:

Zeitraum I :

Jahr	1946	1947	1948	1949	1950
männlich	380 409	404 759	418 617	431 414	420 944
weiblich	352 579	376 662	387 457	401 389	391 891

Zeitraum II :

Jahr	1966	1967	1968	1969	1970
männlich	539 492	523 634	498 202	464 430	416 321
weiblich	510 853	495 825	471 623	439 026	394 487

(a) Berechne für die einzelnen Jahre beider Zeiträume die relativen Häufigkeiten für eine Knabengeburt.

(b) Berechne die relativen Häufigkeiten für eine Knabengeburt für die beiden Zeiträume I und II. Vergleich die beiden Werte miteinander.

2.3 Das Wahrscheinlichkeitsmaß

2.3.1 Veranschauliche das 3. Axiom von Kolmogoroff

$$A \cap B = \emptyset \Rightarrow P(A \cup B) = P(A) + P(B)$$

anhand eines Mengendiagramms.

2.3.2 Für einen gezinkten Würfel findet man die folgende W-Verteilung:

ω	1	2	3	4	5	6
$P(\{\omega\})$	0,25	0,35	0,18	0,15	0,05	0,02

Bestimme die Wahrscheinlichkeit folgender Ereignisse:

(a) A: Die Augenzahl ist gerade.

(b) B: Die Augenzahl ist größer als 4.

(c) C: Die Augenzahl ist durch 3 teilbar.

2.3.3 Gegeben sei $\Omega = \{ a , b , c \}$ mit $P(\{a\}) = 0{,}3$ und $P(\{b\}) = 0{,}5$.

(a) Lege $P(\{c\})$ so fest, dass P ein W-Maß auf $\wp(\Omega)$ wird.

(b) Gib die Wahrscheinlichkeit für jedes Ereignis aus $\wp(\Omega)$ an.

2.3.4 Bei einem gezinkten Würfel seien die Wahrscheinlichkeiten der Augenzahlen gegeben durch die Zahlen

$P(1) = 1/6$, $P(2) = 1/6$, $P(3) = 1/12$, $P(4) = 1/12$, $P(5) = 1/7$, $P(6) = 5/14$.

Berechne die Wahrscheinlichkeiten für folgende Ereignisse:

(a) Die gewürfelte Augenzahl ist größer als 3.

(b) Die gewürfelte Augenzahl ist weder 2 noch 5.

(c) Die gewürfelte Augenzahl i genügt der Gleichung $|i - 2| < 2$.

2.3.5 Ist es möglich, ein Wahrscheinlichskeitmaß P auf $\wp(\Omega)$ derart zu definieren, dass für Ereignisse A und B gilt:

(a) $P(A) = 0{,}9$ $P(B) = 0{,}03$ $P(A \cap B) = 0{,}2$?

(b) $P(A) = 0{,}9$ $P(B) = 0{,}2$ $P(A \cap B) = 0{,}03$?

2.4 Kriterium zur Konstruktion von W-Maßen

2.4.1 Gib zu folgenden Zufallsexperimenten eine geeignete Ergebnismenge an und bestimme eine sinnvolle Wahrscheinlichkeitsverteilung:

(a) Werfen eine idealen Würfels.

(b) Ziehen einer Kugel aus einer Urne mit 4 roten, 6 schwarzen und 8 weißen Kugeln.

(c) Zweimaliges Werfen einer idealen Münze.

(d) Drehen eines Glücksrades, das in fünf Sektoren zu 45°, 45°, 60°, 90° und 120° eingeteilt ist. (Zeichnung!)

2.4.2 Gegeben sind ein Zufallsexperiment mit der Ergebnismenge $\Omega = \{a,b,c,d\}$ und Funktionen der Form $P: \{ \{a\},\{b\},\{c\},\{d\} \} \to \mathbb{R}$. Welche der nachfolgend angegebenen Funktionen sind Wahrscheinlichkeitsverteilungen?

(a)

ω	a	b	c	d
P({ω})	0,35	0,25	0,18	0,12

(b)

ω	a	b	c	d
P({ω})	2/7	5/21	1/7	1/3

(c)

ω	a	b	c	d
P({ω})	0,4	0,5	0,3	-0,2

(d)

ω	a	b	c	d
P({ω})	0	1/3	1/3	1/3

2.4.3 Gib ein konkretes Zufallsexperiment an, welches sich mit dem folgenden mathematischen Modell beschreiben lässt:
Ergebnismenge: $\Omega = \{1,2,3,4,5\}$
W-Verteilung:

ω	1	2	3	4	5
P({ω})	0,25	0,25	0,2	0,2	0,1

2.4.4 In einer Urne befinden sich 25 Kugeln: 6 rote, 8 schwarze sowie 11 weiße. Eine Kugel wird gezogen und ihre Farbe festgestellt.

(a) Gib eine sinnvolle Wahrscheinlichkeitsverteilung an.

(b) Berechne die Wahrscheinlichkeit aller Ereignisse.

2.4.5 Ein gezinkter Würfel wird geworfen und es wird die Augenzahl festgestellt. Mittels langer Versuchsserien wird folgende W-Verteilung ermittelt.

ω	1	2	3	4	5	6
$P(\{\omega\})$	0,25	0,35	0,18	0,15	0,05	0,02

(a) Prüfe nach, dass durch diese Tabelle tatsächlich eine Wahrscheinlichkeitsverteilung gegeben ist.

(b) Berechne die Wahrscheinlichkeit dafür, dass die gewürfelte Augenzahl größer als 3 ist.

(c) Tim und Tom machen aus diesem Zufallsexperiment ein Glücksspiel: Tim gewinnt 10 DM, falls eine ungerade Augenzahl gewürfelt wird, Tom bei einer geraden Augenzahl. Ist das Spiel fair, d.h. haben beide die gleichen Gewinnchancen?

2.4.6 Es wird folgendes Glücksspiel betrachtet: Tom und Jerry werfen je einen (idealen) Würfel. Tom gewinnt 5 DM, wenn die Summe der Augenzahlen 2, 3, 4, 5 oder 6 ist; Jerry gewinnt bei den Augensummen 7, 8, 9, 10, 11; bei der Augensumme 12 zahlt niemand. Untersuche, ob die Spielregel fair ist.

2.4.7 Sei $\Omega = \{a,b,c,d\}$ die Ergebnismenge eines Zufallsexperiments und P ein Wahrscheinlichkeitsmaß auf $\wp(\Omega)$.

(a) Berechne $P(\{a\})$, wenn gilt:

$P(\{b\}) = 1/3$, $P(\{c\}) = 1/6$ und $P(\{d\}) = 1/9$.

(b) Berechne $P(\{a\})$ und $P(\{b\})$, wenn gilt:

$P(\{c\}) = P(\{d\}) = 1/4$ und $P(\{a\}) = 2\,P(\{b\})$.

(c) Berechne $P(\{a\})$, wenn gilt:

$P(\{b,c\}) = 2/3$, $P(\{b,d\}) = 1/2$ und $P(\{b\}) = 1/3$.

2.4.8 Zwei Männer M_1 und M_2 und drei Frauen F_1, F_2 und F_3 tragen ein Schachturnier aus. Spieler des gleichen Geschlechts haben die gleichen Gewinnchancen. Jeder der Männer besitzt im Vergleich zu einer Frau die doppelte Spielstärke.

(a) Berechne die Wahrscheinlichkeit, dass eine Frau das Turnier gewinnt.

(b) M_1 und F_1 sind verheiratet. Berechne die Wahrscheinlichkeit, dass ein Ehepartner das Turnier gewinnt.

2.5 Eigenschaften des W-Maßes

(a) Nachweis von Eigenschaften des W-Maßes

2.5.1 (a) Gegeben ist ein Zufallsexperiment mit der Ergebnismenge Ω sowie dem Wahrscheinlichkeitsmaß P. Zeige für zwei Ereignisse A und B:

$$P(A) = P(A \cap B) + P(A \cap \overline{B})$$

Hinweis: Verwende den Zerlegungssatz aus 1.4 .

(b) Das Ereignis A tritt mit der Wahrscheinlichkeit 0,6 ein und A und B gleichzeitig mit der Wahrscheinlichkeit 0,45. Wie groß ist die Wahrscheinlichkeit, dass A, jedoch nicht B eintritt?

2.5.2 Gegeben ist ein Zufallsexperiment mit der Ergebnismenge Ω und einem Wahrscheinlichkeitsmaß P. Beweise für zwei Ereignisse $A, B \subset \Omega$ folgende Aussagen:

(a) $0 \leq P(A \cap B) \leq P(A) \leq P(A \cup B) \leq P(A) + P(B) \leq 2$

(b) $A \cap B = \emptyset \Rightarrow P(A) \leq P(\overline{B})$

(c) $P(A) + P(B) > 1 \Rightarrow$ A und B sind vereinbar

2.5.3 Zeige, dass für alle $A , B , C \in \wp(\Omega)$ gilt:

(a) $P(A \cup B \cup C) = P(A) + P(B) + P(C) - P(A \cap B) - P(A \cap C) - P(B \cap C) + P(A \cap B \cap C)$

(b) $P(A \cup B \cup C) \leq P(A) + P(B) + P(C)$

2.5.4 Zeige, dass für $A , B \in \wp(\Omega)$ mit $P(A) = P(B) = 1$ gilt: $P(A \cap B) = 1$.

2.5.5 Zeige, dass für alle $A , B \in \wp(\Omega)$ gilt:

$$P((A \cap \overline{B}) \cup (\overline{A} \cap B)) = P(A) + P(B) - 2P(A \cap B)$$

(b) Berechnung von Wahrscheinlichkeiten

2.5.6 Gegeben ist ein Zufallsexperiment mit der Ergebnismenge Ω und einem Wahrscheinlichkeitsmaß P. Ferner sind zwei Ereignisse A,B gegeben und folgende Wahrscheinlichkeiten bekannt:

$$P(A) = 0{,}3 \quad , \quad P(\overline{B}) = 0{,}6 \quad \text{und} \quad P(\overline{A} \cap B) = 0{,}2.$$

Beschreibe die folgenden Ereignisse umgangssprachlich. Berechne die zugehörigen Wahrscheinlichkeiten.

(a) $A \cap B$ (b) $A \cup B$ (c) $\overline{A} \cap \overline{B}$
(d) $A \cup \overline{B}$ (e) $\overline{A} \cup \overline{B}$

2.5.7 Gegeben ist ein Zufallsexperiment mit der Ergebnismenge Ω und einem Wahrscheinlichkeitsmaß P. Ferner sind zwei Ereignisse A,B gegeben und dabei folgende Wahrscheinlichkeiten bekannt:

$$P(A) = 0{,}4 \quad , \quad P(B) = 0{,}3 \quad \text{und} \quad P(A \cap B) = 0{,}1 \ .$$

Berechne die Wahrscheinlichkeiten für die nachfolgenden Ereignisse:

(a) Das Ereignis A tritt nicht ein.

(b) Mindestens eines der beiden Ereignisse A oder B tritt ein.

(c) Höchstens eines der beiden Ereignisse tritt ein.

(d) Keines der beiden Ereignisse tritt ein.

(e) A tritt nicht ein und B tritt ein.

(f) Genau eines der beiden Ereignisse tritt ein.

2.5.8 Es seien die Ereignisse $A,B \in \wp(\Omega)$ mit $P(A \cap B) = 0{,}1$ sowie $P(A) = 0{,}3$ und $P(B) = 0{,}6$ gegeben. Berechne hiermit:

$$P(\overline{A}) \quad , \quad P(\overline{B}) \quad , \quad P(A \cap \overline{B}) \quad , \quad P(A \cup B) \quad , \quad P(A \cup \overline{B}) .$$

2.5.9 Gegeben ist die Ergebnismenge $\Omega = \{a,b,c,d\}$ eines Zufallsexperiments. Prüfe, ob die folgenden Bedingungen möglich sind und berechne gegebenenfalls die Wahrscheinlichkeiten der Elementarereignisse:

(a)	$P(\{a\}) = 1/3$	$P(\{b,c\}) = 2/3$	$P(\{b,d\}) = 1/3$
(b)	$P(\{a,b\}) = 1/2$	$P(\{d\}) = 1/3$	$P(\{c,d\}) = 1/4$
(c)	$P(\{a,b\}) = 3/5$	$P(\{a,d\}) = 3/5$	$P(\{b,d\}) = 4/5$
(d)	$P(\{a,b\}) = 2/3$	$P(\{c,d\}) = 2/3$	
(e)	$P(\{a\}) = 5/12$	$P(\{b\}) = 1/12$	
	$P(\{c\}) = 1/4$	$P(\{d\}) = 1/3$	

2.5.10 Die Bevölkerung eines ausgewählten Landkreises wird auf folgende Merkmale hin statistisch untersucht: Haarfarbe, Farbe der Augen und Vorhandensein von Sommersprossen. Im Folgenden bedeute:

A: »Die betrachtete Person ist blond.«

B: »Die betrachtete Person hat blaue Augen.«

C: »Die betrachtete Person besitzt Sommersprossen.«

Man erhält bei der Untersuchung folgende Wahrscheinlichkeiten:

$P(A) = 0{,}2$ $P(B) = 0{,}3$ $P(C) = 0{,}35$

$P(A \cap B) = 0{,}1$ $P(A \cap C) = 0{,}15$ $P(B \cap C) = 0{,}2$

$P(A \cap B \cap C) = 0{,}05$

Berechne für eine zufällig aus dem Landkreis ausgewählte Person die Wahrscheinlichkeit,

(a) dass sie blond ist und dass sie blaue Augen oder Sommersprossen hat,

(b) dass sie blond ist oder dass sie blaue Augen und Sommersprossen hat,

(c) dass sie blond ist oder dass sie blaue Augen besitzt oder dass sie Sommersprossen hat.

2.5.11 Eine Untersuchung für ein deutsches Bundesland hat ergeben:

20% der Haushalte besitzen mindestens einen Hund.

25% der Haushalte besitzen mindestens eine Katze.

10% der Haushalte besitzen mindestens einen Hund und eine Katze.

Berechne für einen per Zufall ausgewählten Haushalt dieses Bundeslandes die Wahrscheinlichkeiten für folgende Ereignisse:

(a) Der Haushalt besitzt mindestens einen Hund, aber keine Katze.

(b) Der Haushalt besitzt mindestens einen Hund oder mindestens eine Katze.

(c) Der Haushalt besitzt weder einen Hund noch eine Katze.

(d) Der Haushalt besitzt entweder mindestens einen Hund oder mindestens eine Katze.

(c) Vermischte Aufgaben

2.5.12 Gegeben ist ein Zufallsexperiment mit der Ergebnismenge $\Omega = \{a,b,c\}$. Mit Hilfe von Versuchsreihen werden die folgenden Wahrscheinlichkeiten festgestellt: $P(\{a,b\}) = 0{,}8$ und $P(\{b,c\}) = 0{,}7$.
Bestimme die Wahrscheinlichkeitsverteilung.

2.5.13 Ein Würfel ist derart gezinkt, dass die Wahrscheinlichkeit für das Auftreten einer Zahl proportional zu dieser Zahl ist.

(a) Gib die Ergebnismenge an und berechne die Wahrscheinlichkeiten der Elementarereignisse.

(b) Berechne die Wahrscheinlichkeiten folgender Ereignisse:
A: »ungerade Zahl« ; B: »Primzahl« ; C: »gerade Zahl« .

(c) Berechne folgende Wahrscheinlichkeiten:
(α) Eine ungerade Zahl oder eine Primzahl erscheint.
(ß) Eine gerade Primzahl erscheint.
(γ) Eine ungerade Zahl, jedoch keine Primzahl erscheint.

2.5.14 Gegeben sind Ereignisse A und B mit Wahrscheinlichkeiten $P(A \cup B) = 3/4$, $P(A) = 1/3$ und $P(A \cap B) = 1/4$.
Berechne: $P(\overline{A})$; $P(B)$; $P(A \cap \overline{B})$.

2.5.15 Gegeben ist die Ergebnismenge $\Omega = \{a,b,c\}$ eines Zufallsexperiments und ein W-Maß P. Berechne $P(\{a\})$ unter folgenden Bedingungen:

(a) $P(\{b,c\}) = 2\,P(\{a\})$

(b) $P(\{c\}) = 2\,P(\{b\})$ und $P(\{b\}) = 3\,P(\{a\})$.

2.5.16 Sei $\Omega = \{a,b,c,d\}$ die Ergebnismenge eines Zufallsexperiments. Für ein W-Maß P gilt: $P(\{a\}) = P(\{b\})$, $P(\{c\}) = P(\{d\}) = 2\,P(\{b\})$. Berechne $P(\{a,c\})$.

2.5.17 Eine Lotterie enthält 18 000 Lose in den Farben rot, grün und gelb. Die Wahrscheinlichkeit, ein rotes Los zu ziehen, beträgt 0,2. Für ein nichtgelbes Los ist die Wahrscheinlichkeit 3/4. Wie viele Lose gibt es von jeder Sorte?

2.5.18 Die beiden gleich starken Fußballvereine Kickers und Borussia einer Stadt tragen einmal im Jahr die Stadtmeisterschaft unter sich aus. Da das Spiel bei unentschiedenem Spielstand nach Ablauf der regulären Spielzeit verlängert wird, ist nur in 1/12 aller Fälle ein Wiederholungsspiel notwendig.

(a) Gib die Ergebnismenge und die Wahrscheinlichkeiten der Elementarereignisse an.

(b) Wie groß ist die Wahrscheinlichkeit, dass die Kickers nicht verlieren?

2.6 LAPLACE - Experimente

2.6.1 Welche der folgenden Zufallsexperimente sind Laplace-Experimente?

(a) In einer Urne liegen eine rote und eine schwarze Kugel. Es wird zweimal eine Kugel mit Zurücklegen gezogen.

(b) Drehen eines Glücksrades mit drei Sektoren zu 110°, 140°, 110° .

(c) Ziehung der Lottozahlen.
(Die »Lottozahlen« sind - die Zusatzzahl einmal außer Acht gelassen - mathematisch eine sechselementige Teilmenge der Menge $\{1,2,\ldots,49\}$).

2.6.2 In einem Spielsalon wird folgendes Spiel angeboten: Man gewinnt, wenn man beim zweimaligen Würfeln mit einem idealen Würfel einen Pasch wirft oder aber eine Fünf und eine Sechs fällt. Wie groß ist die Wahrscheinlichkeit zu gewinnen?

2.6.3 Eine Person wird aus dem Telefonbuch einer größeren Stadt zufällig ausgewählt und nach ihrem Geburtsdatum gefragt.

(a) Das Geburtsjahr ist 1979. Mit welcher Wahrscheinlichkeit hat sie im September Geburtstag?

(b) Das Geburtsjahr ist 1980. Mit welcher Wahrscheinlichkeit ist der Geburtstag der 27. Februar?

2.6.4 Von den 25 Schülern eines Bezugskurses Deutsch haben 13 Schüler Mathematik als Leistungsfach, 9 Physik als Leistungsfach und 6 Schüler sowohl Mathematik als auch Physik als Leistungsfach gewählt. Ein Schüler wird zufällig ausgewählt. Berechne folgende Wahrscheinlichkeiten:

(a) Der Schüler belegt Mathematik und Physik als Leistungsfach.

(b) Der Schüler belegt Mathematik oder Physik als Leistungsfach.

(c) Der Schüler belegt weder Mathematik noch Physik als Leistungsfach.

2.6.5 Eine ideale Münze wird dreimal geworfen. Es wird festgestellt, welche Seite jeweils oben liegt.

(a) Gib zu dem beschriebenen Zufallsexperiment ein geeignetes mathematisches Modell (Ergebnismenge und W-Verteilung) an.

(b) Berechne die Wahrscheinlichkeiten der folgenden Ereignisse:

A: Genau zweimal Zahl

B: Mindestens zweimal Zahl

C: Höchstens zweimal Zahl

D: Beim ersten Mal Zahl

E: Nur beim ersten Wurf Zahl

F: Zahl beim ersten und beim zweiten Wurf

2.6.6 In einer Urne befinden sich 10 Kugeln, die von 11 bis 20 durchnummeriert sind. Man zieht zufällig eine Kugel und stellt die Zahl fest. Wie groß ist die Wahrscheinlichkeit dafür, dass

(a) eine gerade Zahl gezogen wird,

(b) eine Primzahl gezogen wird,

(c) eine durch 4 teilbare Zahl gezogen wird,

(d) eine durch 4 und 7 teilbare Zahl gezogen wird?

2.6.7 Bei einer Tombola befinden sich in einer Urne Lose, die von 1 bis 100 durchnummeriert sind. Ein Los wird zufällig gezogen und die Losnummer z festgestellt. Wie groß ist die Wahrscheinlichkeit der folgenden Ereignisse:

A : $25 \le z \le 35$
B : $z < 13$ oder $z > 87$
C : z ist eine Primzahl
D : z ist ein Vielfaches von 7
E : z ist durch 6 oder 7 teilbar
F : z ist durch 6 und durch 7 teilbar ?

2.6.8 Aus einem Rommé-Spiel (52 Karten) wird eine Karte willkürlich ausgewählt. Berechne die Wahrscheinlichkeiten der folgenden Ereignisse:

A : Die gezogene Karte ist eine Herz-Karte.
B : Die gezogene Karte ist eine Dame.
C : Die gezogene Karte ist der Herz-König.
D : Die gezogene Karte ist eine Kreuzkarte oder ein König.
E : Die gezogene Karte ist eine Lusche (Kartenwerte 2 bis 9).
F : Die gezogene Karte ist ein Bild.
G : Die gezogene Karte ist entweder eine Herzkarte oder ein König.
H : Die gezogene Karte ist eine Herz-Karte, jedoch kein König.
I : Die gezogene Karte ist ein Bube, jedoch keine Pik-Karte.
J : Die gezogene Karte ist weder eine Karo-Karte noch ein Ass.

2.6.9 Aus dem Wort »Donaudampfschiffahrtsgesellschaft« wird ein Buchstabe zufällig ausgewählt. Berechne die Wahrscheinlichkeit, dass der ausgewählte Buchstabe

(a) ein f ist,

(b) ein e oder f ist,

(c) ein Vokal ist,

(d) ein Vokal oder Konsonant ist,

(e) ein Umlaut ist.

2.6.10 Zur Zeit von LEIBNIZ (1646-1716) wurde darüber gestritten, ob beim Werfen von zwei idealen Würfeln die Augensumme 11 genauso leicht zu erzielen ist wie die Augensumme 12. Entscheide, ob dies zutrifft.

2.6.11 Zur Zeit GALILEIs (1564-1642) hatten unermüdliche Spieler entdeckt, dass beim Wurf mit drei Würfeln die Augensumme 10 leichter zu erzielen ist als die Augensumme 9. Sie baten GALILEI, eine Erklärung hierfür zu finden.

(a) Berechne der Wahrscheinlichkeiten der beiden Augensummen.

(b) Verdeutliche anhand dieses Ergebnisses, welcher kleine Unterschied durch die Spieler der damaligen Zeit bemerkt worden war.

2.6.12 Benutze die Gegenereignis-Regel:

(a) Ein Würfel wird dreimal geworfen und die Augensumme festgestellt. Welche Wahrscheinlichkeiten haben die folgenden Ereignisse:

A : Die Augensumme ist kleiner als 17.
B : Die Augensumme ist mindestens 5.
C : Es wird wenigstens eine Sechs gewürfelt.

(b) Eine Münze wird zehnmal geworfen. Mit welcher Wahrscheinlichkeit liegt mindestens zweimal Kopf oben?

2.6.13 Zwei Spieler werfen jeweils einmal einen Würfel. Wie groß ist die Wahrscheinlichkeit, dass sie verschiedene Augenzahlen werfen?

2.6.14 Ein Würfel wird zehnmal geworfen und die Augenzahl festgestellt. Wie groß ist die Wahrscheinlichkeit, dass

(a) mindestens einmal die Sechs erscheint?

(b) keine Primzahl auftritt?

2.6.15 Aus einer großen Menge von Personen werden r Personen zufällig ausgewählt und deren Geburtstage festgestellt.

(a) Zeige: Die Wahrscheinlichkeit, dass sich unter diesen r Personen mindestens eine befindet, die am gleichen Tag wie du Geburtstag hat, beträgt:

$$p = 1 - \left(\frac{364}{365}\right)^r$$

(b) Ab welcher Personenzahl r wird diese Wahrscheinlichkeit p größer als 0,5 ?

2.6.16 Zur Zeit des französischen Philosophen und Mathematikers Blaise PASCAL (1623 - 1663) bestand ein sehr beliebtes Glücksspiel darin, zu wetten, dass beim viermaligen Werfen eines Würfels mindestens einmal eine Sechs erscheint. Chevaliér de Méré, ein leidenschaftlicher Spieler und Zeitgenosse PASCALs, verglich dieses Glücksspiel mit der Wette, dass dabei beim zweimaligen Werfen eines Würfels mindestens eine Doppelsechs erscheint.
Méré argumentierte wie folgt: im ersten Fall beträgt die Wahrscheinlichkeit für eine Sechs bei einem Wurf 1/6, bei vier Würfen also 4/6. Beim Werfen mit zwei Würfeln beträgt die Wahrscheinlichkeit für eine Doppelsechs 1/36. Man muss also 24-mal würfeln, um die gleichen Gewinnchancen wie im ersten Fall zu erzielen.

Méré stellt jedoch im Gegensatz zu seiner Überlegung fest, dass sich das erste Spiel in der Praxis als günstiger erwies. Verzweifelt wandte er sich im Jahr 1654 an PASCAL, der auch die Lösung des Problems fand.

(a) Berechne die Wahrscheinlichkeit, beim viermaligen Werfen eines Würfels mindestens einmal eine Sechs zu erhalten.

(b) Berechne die Wahrscheinlichkeit, dass beim 24-maligen Werfen mit zwei Würfeln mindestens eine Doppelsechs auftritt.

(c) Méré richtete ergänzend an PASCAL auch die Frage, wie oft man zwei Würfel werfen muss, damit sich das Spiel lohnt, d.h. dass die Wahrscheinlichkeit größer als 0,5 wird.

2.6.17 Méré bat PASCAL in dem gleichen Brief um die Lösung eines weiteren Problems, das bei den Glücksspielern der damaligen Zeit sehr umstritten war:

> Eine Münze wird wiederholt geworfen. Liegt Kopf oben, so erhält der Spieler A einen Punkt, bei Zahl bekommt der Spieler B den Punkt. Wer zuerst fünf Punkte erzielt, gewinnt den Einsatz. Nach sieben Würfen hat der Spieler A 4 Punkte, der Spieler B 3 Punkte erzielt. Das Spiel muss dann unvorhergesehen abgebrochen werden. Es erhebt sich die Frage, wie der Einsatz unter diesen Umständen gerecht aufzuteilen ist.

Méré richtete an PASCAL die Frage, ob eine Aufteilung 4:3 gemäß der Anzahl der gewonnenen Spiele oder aber eine Aufteilung 2:1 gemäß der Anzahl der fehlenden Punkte gerecht sei. Méré war sehr überrascht, als PASCAL ihm mitteilte, dass beide Lösungen falsch seien.

Welche Aufteilung des Einsatzes hatte PASCAL empfohlen?

3. KOMBINATORIK

3.1 Das allgemeine Zählprinzip

3.1.1 Die linke Scheibe eines Spielautomaten ist in 5 Sektoren mit den geraden Ziffern einschließlich der Ziffer 0, die mittlere Scheibe in 5 Sektoren mit den ungeraden Ziffern unterteilt. Auf der rechten Scheibe befinden sich in 10 Sektoren die Ziffern 0,1,...,9 .

(a) Gib die Menge und die Anzahl der möglichen Ergebnisse an.

(b) Wie viele Spielergebnisse beginnen mit der Ziffer 0?

(c) Wie viele Spielergebnisse enden mit einer Ziffer größer als 5?

3.1.2 Ein Schatzsucher hat bis zu seinem Ziel drei Flüsse zu überqueren. Über den ersten Fluss führen vier Brücken, über den zweiten Fluss fünf und über den dritten drei.

(a) Wie viele Wege sind insgesamt denkbar?

(b) Wie viele Wege gibt es, wenn auf der mittleren Brücke über den zweiten Fluss ein Hinweis über die genaue Lage des Schatzes hinterlegt ist?

3.1.3 Interpretiere die sechsstelligen Zahlen als 6-Tupel. Beantworte dann folgende Fragen:

(a) Wie viele sechsstellige Zahlen gibt es?

(b) Wie viele sechsstellige Zahlen mit nur geraden (nur ungeraden) Ziffern gibt es?

(c) Wie viele sechsstellige Zahlen enden auf 11?

(d) Wie viele sechsstellige Zahlen mit lauter verschiedenen Ziffern gibt es, die größer als 700 000 sind?

3.1.4 (a) Wie viele dreistellige Zahlen gibt es, bei denen alle Ziffern ungerade sind?

(b) Wie viele dreistellige Zahlen gibt es, bei denen die Ziffern gerade sind?

(c) Wie viele dreistellige Zahlen haben gerade Einerziffern, ungerade Zehnerziffern und als Hunderterziffer eine durch 3 teilbare Zahl?

(d) Wie viele dreistellige Zahlen mit verschiedenen Ziffern gibt es, die größer als 721 sind?

3.1.5 Ein Würfel wird achtmal geworfen.

(a) Gib die Ergebnismenge und ihre Elementanzahl an.

(b) In wie vielen Versuchsergebnissen kommt keine Sechs vor?

(c) In wie vielen Versuchsergebnissen erscheint zumindest einmal die Sechs?

(d) In wie vielen Versuchsergebnissen kommt genau eine Sechs vor?

(e) In wie vielen Versuchsergebnissen tritt höchstens einmal die Sechs auf?

3.1.6 In einer deutschen Großstadt mit 285 000 Einwohner besitzt jeder dritte Einwohner einen Telefonanschluss. Alle Telefonnummern bestehen aus den Ziffern 0 bis 9, wobei die Ziffer 0 jedoch nicht an der ersten Stelle stehen darf. Wie viele Stellen müssen die Rufnummern besitzen, wenn alle Rufnummern die gleiche Anzahl von Ziffern haben sollen?

3.1.7 In einem amerikanischen Bundesstaat, in dem jeder zweite Einwohner ein Auto besitzt, bestehen die Autokennzeichen aus zwei Buchstaben gefolgt von drei Ziffern. Kann man auf die 0 als erste Ziffer verzichten, wenn in dem Bundesstaat 1,3 Millionen Einwohner leben?

3.1.8 Ein Schlagerstar kann für seine Abendgarderobe aus 12 Anzügen, 20 Seidenhemden, 10 Krawatten und 15 Paar Schuhen auswählen.

(a) Wie viele Möglichkeiten besitzt er, sich für seinen Auftritt anzuziehen, wenn er nicht darauf achtet, ob die Kleidungsstücke auch zusammenpassen?

(b) Wie viele Möglichkeiten sind es, wenn er nicht die gleiche Kombination wie beim letzten Auftritt anziehen will?

(c) Wie viele Möglichkeiten sind es, wenn er keines der Kleidungsstücke anziehen will, das er beim letzten Auftritt getragen hat?

3.2 Produktmenge

3.2.1 Wie viele Möglichkeiten gibt es, aus einer Urne mit fünf unterscheidbaren Kugeln mit den Nummern 1, 3, 5, 7 und 9 achtmal mit Zurücklegen zu ziehen, wenn die Reihenfolge dabei zu beachten ist?

3.2.2 (a) Wie viele Möglichkeiten gibt es bei einem Rommé-Spiel (52 Karten), fünf Karten mit Zurücklegen zu ziehen?

(b) Um welche Zahl erhöht sich die Anzahl der Möglichkeiten, wenn man ein Rommé-Spiel mit drei Jokern verwendet?

3.2.3 Ein Multiple-Choice-Test besteht aus 10 Fragen mit jeweils 4 Antwortmöglichkeiten, von denen genau eine richtig ist. Wie viele Möglichkeiten gibt es, den Testbogen auszufüllen?

3.2.4 Beim Funken verwendet man Morsesignale, die sich aus den Zeichen »kurz« und »lang« zusammensetzen.

(a) Wie viele verschiedene Signale lassen sich aus genau vier Morsezeichen zusammensetzen?

(b) Aus wie vielen Signalen kann das Morsealphabet maximal bestehen, wenn ein Signal aus mindestens einem, höchstens aber fünf Zeichen besteht?

3.2.5 (a) Wie viele verschiedene fünfstellige Telefonvorwahlnummern lassen sich bilden, wenn eine Vorwahlnummer mit der Ziffer 0 beginnt?

(b) Wie viele sechsstellige Privatnummern lassen sich bilden, wenn eine solche Nummer nicht mit der Ziffer 0 beginnt?

(c) Ist die Aussage realistisch, dass in einer deutschen Großstadt achtstellige Privatnummern zwingend eingeführt werden müssen?

3.2.6 In einem Werbepaket einer Kosmetikfirma befindet sich ein Lippenstift, ein Nagellack, ein Deostift und eine Tube Makeup. Lippenstifte gibt es in fünf Farbrichtungen, Nagellack in sieben Farbvariationen. Deostifte sind in vier verschiedenen Duftrichtungen vorrätig. Das Makeup gibt es in drei verschiedenen Ausführungen.

(a) Wie viele verschiedene Werbepräsente lassen sich zusammenstellen, wenn von jedem Produkt ein Artikel vorhanden sein soll?

(b) Wie viele Luxuspräsente mit 2 verschiedenen Tuben Makeup lassen sich zusammenstellen?

3.2.7 In einer Urne befinden sich 50 Kugeln mit den Nummern 1,...,50. Die Kugeln mit den Nummern 1,...,12 sind rot, die Kugeln mit den Nummern 13,...,28 sind schwarz, die restlichen weiß. Es wird eine geordnete 5-Stichprobe mit Zurücklegen gezogen, d. h. es wird fünfmal eine Kugel gezogen, die gezogene Kugel wird vor der nächsten Ziehung zurückgelegt und es wird die Reihenfolge dabei beachtet.

(a) Überlege dir eine zweckmäßige mathematische Beschreibung solcher Stichproben. Gib die Ergebnismenge sowie die Anzahl der möglichen Stichproben an.

(b) In wie vielen Stichproben kommen nur schwarze Kugeln vor?

(c) Wie viele Stichproben enthalten keine schwarzen Kugeln?

(d) Wie viele Stichproben enthalten wenigstens eine rote Kugel?

(e) Wie viele Stichproben gibt es, in denen die Kugelfarben die Reihenfolge rot - schwarz - weiß - schwarz - rot besitzen?

3.2.8 Beim Fußballtoto muss der Spielausgang von 11 Fußballspielen vorausgesagt werden. Man hat bei jedem Spiel drei Möglichkeiten: »0« für Unentschieden, »1« für einen Sieg der Heimmannschaft und »2« für einen Sieg der Gastmannschaft.

(a) Wie viele verschiedene Tipps gibt es?

(b) Wie viele verschiedene Tipps mit genau 10 richtigen Voraussagen gibt es?

(c) Ein Fußballfachmann glaubt für die Paarungen des anstehenden Spieltags zu wissen, dass bei vier bestimmten Spielen nur ein Heimsieg und bei einem Spiel nur ein Auswärtssieg in Frage kommt. Bei drei weiteren Spielen hält er dagegen einen Auswärtssieg für ausgeschlossen. Nur in den restlichen Fällen will er keine Prognose über den Spielausgang wagen, denn er hält dabei alle Ergebnisse für möglich. Wie viele Tipps muss der Fachmann abgeben, um 11 Richtige zu erzielen, wenn seine Annahmen zutreffen?

3.3 Permutationen

(a) Berechnung von Fakultäten

3.3.1 (a) Berechne folgende Fakultäten: 4! , 5! , 6! , 7! und 8! .

(b) Berechne: $\frac{13!}{11!}$, $\frac{8!}{11!}$, $\frac{12!}{14!}$, $\frac{1!}{0!}$

(c) Schreibe als Fakultät: $1\cdot 2\cdot 3\cdot 4$, $7\cdot 8\cdot 6!\cdot 9$, $12\cdot 11\cdot 10\cdot 9!$

3.3.2 Berechne: $\frac{16!}{13!}$, $\frac{12!}{11!}$, $\frac{12!}{13!}$, $\frac{10!}{12!}$

3.3.3 Vereinfache: $\frac{(n+1)!}{n!}$, $\frac{n!}{(n-2)!}$, $\frac{(n-1)!}{(n+2)!}$

(b) Abzählprobleme zu Permutationen

3.3.4 Unter einem Anagramm versteht man die Umstellung der einzelnen Buchstaben eines Wortes.

(a) Wie viele Anagramme des Wortes ASIEN gibt es?

(b) Wie viele Anagramme gibt es zu dem Wort EUROPA?

(c) Wie viele Anagramme hat das Wort AMERIKA?

3.3.5 Die 26 Buchstaben des Alphabets sollen permutiert werden. Wie viele Jahre würde es dauern, bis man alle diese Permutationen aufgeschrieben hätte, wenn man von der Annahme ausgeht, dass es möglich ist, fünf solcher Permutationen in einer Minute zu notieren? Vergleiche das Ergebnis mit dem Alter des Universums (21 Milliarden Jahre) !

3.3.6 Gegeben sind zehn Kugeln mit den Nummern 0 , 1 , ... , 9 ; die Kugeln mit den Nummern 0 , 1 , 2 , 3 sind rot, die restlichen sind weiß.

(a) Auf wie viele Arten kann man die Kugeln in einer Reihe anordnen?

(b) Wie viele Anordnungen beginnen mit der Nummer 0 ?

(c) Wie viele Anordnungen beginnen mit einer roten Kugel?

(d) Auf wie viele Arten kann man die Kugeln derart in einer Reihe anordnen, dass links die roten und rechts die weißen liegen?

(e) Auf wie viele Arten kann man die Kugeln derart in einer Reihe anordnen, dass die gleichfarbigen Kugeln nebeneinander liegen?

3.3.7 Ein Vitererbobteam besteht aus vier Sportlern. Der Pilot sitzt dabei ganz vorne und lenkt den Schlitten. Auf wie viele Arten können sich die Sportler in den Bob setzen,

(a) wenn alle Sportler als Pilot in Frage kommen?

(b) wenn nur zwei der Sportler auch als Pilot in Frage kommen?

3.3.8 Im Folgenden seien Wiederholungen ausgeschlossen.

(a) Wie viele fünfstellige Zahlen kann man mit Hilfe der fünf Ziffern 2, 3, 5, 6 und 9 bilden?

(b) Wie viele davon sind kleiner als 40000?

(c) Wie viele davon sind gerade und wie viele ungerade?

(d) Wie viele davon sind durch 5 teilbar?

3.3.9 (a) Wie viele mögliche Aufstellungen gibt es für eine Fußballmannschaft, wenn der Trainer nur genau 11 Spieler zur Verfügung hat und jeder Spieler jede Position übernehmen kann?

(b) Wie viele Möglichkeiten hat der Trainer bei 12 Spielern (ein Ersatzspieler), wenn aber nur zwei Spieler im Tor spielen können?

3.3.10 (a) Auf wie viele Arten kann man drei verschiedene Bücher von Goethe und zwei verschiedene Bücher von Schiller nebeneinander in ein Bücherregal stellen?

(b) Wie viele Möglichkeiten gibt es, wenn die Bücher gleicher Autoren nebeneinander stehen sollen?

(c) Wie viele Möglichkeiten gibt es, wenn lediglich die Bücher von Schiller nebeneinander stehen sollen?

3.3.11 6 Personen betreten ein Zimmer.

(a) Auf wie viele Arten können sich die Personen in einer Reihe nebeneinander zu einem Erinnerungsfoto aufstellen?

(b) Auf wie viele Arten können Sie an einem runden Tisch Platz nehmen?

(c) Verallgemeinere die Ergebnisse von (a) und (b) auf n Personen.

3.3.12 Die Autonummernschilder im Kreis Saarbrücken bestehen im Anschluss an das Stadtkennzeichen SB

(a) für die Stadt Saarbrücken aus einem weiteren Buchstaben und einer vierstelligen Zahl,

(b) für den Stadtverband Saarbrücken aus zwei Buchstaben und einer höchstens dreistelligen Zahl.

Wie viele Fahrzeuge können unter diesen Umständen in den beiden Fällen zugelassen werden?

3.4 k - Permutationen einer n-Menge

3.4.1 Betrachtet werden soll die Menge $A = \{1,2,...,20\}$.

(a) Gib die Anzahl der Permutationen sowie der 6-Permutationen von A an.

(b) Wie viele 5-Permutationen von A haben nur gerade Zahlen als Komponenten?

(c) Wie viele 7-Permutationen von A haben die Zahl 11 oder die Zahl 13 als letzte Komponente?

(d) Wie viele 8-Permutationen haben als erste Stelle eine Zahl kleiner als 6 sowie als zweite Stelle eine Zahl kleiner als 11?

3.4.2 In einer Urne befinden sich 7 durchnummerierte Kugeln. Bestimme die Anzahl der geordneten Stichproben vom Umfang

(a) 4 mit Zurücklegen, (b) 4 ohne Zurücklegen,

(c) 2 mit Zurücklegen, (d) 6 ohne Zurücklegen.

3.4.3 (a) Auf wie viele Arten kann man 7 Personen auf 12 Einzelzimmer verteilen?

(b) Sechs Personen betreten einen Raum, in dem acht Stühle in einer Reihe stehen. Wie viele Möglichkeiten gibt es, Platz zu nehmen?

(c) Beim olympischen Endlauf über 10000m gehen 28 Läufer an den Start. Wie viele verschiedene Verteilungen der drei Medaillen sind möglich?

3.4.4 Wie viele Möglichkeiten für die drei Erstplatzierten gibt es bei einem Abfahrtslauf, wenn für die ersten drei Plätze

(a) nur die 15 Läufer der ersten Startgruppe,

(b) auch Außenseiter der zweiten Startgruppe (ebenfalls 15 Läufer) in Frage kommen?

3.4.5 Ein populärer Rundfunksender hat an jedem Wochenende eine Hitparade im Programm. Die Zuhörer haben die Möglichkeit, aus den 10 platzierten Titeln und 5 Neuvorstellungen ihren Lieblingstitel auszuwählen.

(a) Wie viele verschiedene Zusammensetzungen für die Top-Ten der kommenden Woche gibt es?

(b) Die Hörer können sich zusammen mit ihrer Abstimmung auch an einem Gewinnspiel beteiligen, in dem sie die drei Erstplatzierten voraussagen. Wie viele Vorhersagemöglichkeiten gibt es

(α) insgesamt,

(ß) wenn zwei der platzierten Titel nicht mehr wählbar sind?

3.4.6 Betrachtet werden die aus den Ziffern 0, 1, ... 9, A, B, C, D, E und F gebildeten vierstelligen Hexadezimalzahlen. Derartige Zahlen gibt man immer mit vier Stellen an, d.h. sie können auch mit der Ziffer 0 beginnen.

(a) Wie viele vierstellige Hexadezimalzahlen gibt es insgesamt?

(b) Wie viele davon bestehen aus lauter verschiedenen Ziffern?

3.4.7 Eine dreistellige Zahl besteht aus den Ziffern 0, 1, ... 9, wobei die 0 nicht an der ersten Stelle vorkommt.

(a) Wie viele dreistellige Zahlen lassen sich insgesamt bilden?

(b) Wie viele dreistellige Zahlen gibt es, die größer als 700 sind?

(c) Wie viele Möglichkeiten gibt es, wenn keine Ziffer mehrfach vorkommt?

(d) Wie viele dreistellige Zahlen lassen sich aus den Ziffern 2, 4, 6 und 8 bilden, wenn jede Ziffer nur einmal vorkommen darf?

(e) Wie viele dreistellige Zahlen lassen sich aus den Ziffern 1, 2, 3, 6 und 7 bilden, wenn jede Ziffer größer als die jeweils nachfolgende Ziffer sein soll?

(f) Wie viele dreistellige Zahlen lassen sich aus den Ziffern 0, 1, 2, 3 und 4 bilden, wenn jede Ziffer kleiner oder gleich der jeweils nachfolgenden Ziffer sein soll?

3.4.8 Ein Parkplatz besitzt noch fünf freie Plätze, es kommen gleichzeitig k Autos an. Beantworte für k = 3, k = 5 und k = 8 folgende Fragen:

(a) Auf welche Weise lassen sich die möglichen Verteilungen der Fahrzeuge auf die freien Plätze beschreiben?

(b) Wie viele Verteilungen gibt es jeweils?

3.5 k - Teilmengen einer n-Menge

(a) Berechnung von Binomialkoeffizienten

3.5.1 Zeige: Für alle n,k∈ℕ mit k≤n gilt: $\binom{n}{k} = \binom{n}{n-k}$.

3.5.2 Berechne folgende Binomialkoeffizienten. Beachte dabei auch die vorangehende Aufgabe:

(a) $\binom{14}{2}$, $\binom{30}{3}$, $\binom{25}{4}$, $\binom{33}{6}$, $\binom{100}{5}$.

(b) $\binom{15}{13}$, $\binom{30}{27}$, $\binom{47}{42}$, $\binom{65}{58}$, $\binom{100}{95}$.

(c) $\binom{75}{0}$, $\binom{54}{1}$, $\binom{86}{86}$, $\binom{97}{96}$, $\binom{300}{299}$.

3.5.3 Gegeben ist eine 10-Menge.

(a) Wie viele Teilmengen hat die Menge insgesamt?

(b) Wie viele k-Teilmengen hat die Menge? (k = 0,1,...,10)

(c) Gib ohne Rechnung an: $\binom{10}{0} + \binom{10}{1} + \ldots + \binom{10}{10}$.

(d) Berechne allgemein: $\binom{n}{0} + \binom{n}{1} + \ldots + \binom{n}{n}$.

3.5.4 Die Binomialkoeffizienten lassen sich auf recht einfache Art in einem Dreieck, dem sogenannten PASCALschen Dreieck anordnen:

$$\binom{0}{0}$$

$$\binom{1}{0} \qquad \binom{1}{1}$$

$$\binom{2}{0} \qquad \binom{2}{1} \qquad \binom{2}{2}$$

$$\binom{3}{0} \qquad \binom{3}{1} \qquad \binom{3}{2} \qquad \binom{3}{3}$$

....

(a) Berechne die Binomialkoeffizienten $\binom{0}{0}$, ... , $\binom{3}{3}$ und schreibe die ersten vier Zeilen des PASCALschen Dreiecks erneut auf.

(b) Beweise folgende Additionsregel für Binomialkoeffizienten:

$$\binom{n}{k} + \binom{n}{k+1} = \binom{n+1}{k+1} \quad ; \quad n,k \in \mathbb{N} \text{ und } k \le n .$$

(c) Mit der Additionsregel kann man die Binomialkoeffizienten einer Zeile aus denen der vorangehenden Zeile berechnen.
Ergänze das PASCALsche Dreieck so bis zur 7. Zeile.

(b) Abzählprobleme zu k - Teilmengen

3.5.5 (a) Auf wie viele Arten kann man drei Personen aus einer Gruppe von sechs Personen auswählen?

(b) Fünf Eintrittskarten für eine Theatervorstellung sollen an die 25 Schüler einer Klasse verteilt werden. Wie viele Möglichkeiten gibt es?

(c) In einer Tanzschule ist »Damenüberschuss«: sechs Damen stehen nur vier Männern gegenüber.

(α) Wie viele verschiedene Tanzpaare sind möglich?

(ß) Wie viele Möglichkeiten gibt es, dass vier Frauen und vier Männer gleichzeitig auf der Tanzfläche sind?

(d) Die 35 Besucher einer Silvesterparty stoßen zum Jahreswechsel an, jeder mit jedem genau einmal. Wie oft klingen die Gläser?

3.5.6 In einem Mathematiktest werden sechs Aufgaben zur Analysis und fünf Aufgaben zur Algebra gestellt. Ein Prüfling muss aus der ersten Gruppe drei Aufgaben und auch aus der zweiten drei Aufgaben bearbeiten. Wie viele Wahlmöglichkeiten gibt es?

3.5.7 Ein Bridgespiel besteht aus 52 Karten, von denen vier Asse sind. Man entnimmt 5 Karten. In wie vielen Fällen enthalten diese 5 Karten

(a) kein Ass,

(b) genau ein Ass,

(c) mindestens ein Ass,

(d) höchstens ein Ass?

3.5.8 Ein Prüfling muss in einer Prüfung 8 von 10 gestellten Fragen beantworten.

(a) Wie viele Wahlmöglichkeiten hat er insgesamt?

(b) Wie viele Möglichkeiten sind es, wenn er die ersten drei Fragen in jedem Fall beantworten muss?

(c) Wie viele Möglichkeiten verbleiben, wenn der Prüfling von den ersten fünf Fragen mindestens vier beantworten muss?

3.5.9 An den Eishockey-Weltmeisterschaften nehmen jeweils 8 Mannschaften teil.

(a) In der Vorrunde spielen alle Mannschaften einmal gegeneinander. Wie viele Spiele gibt es in der Vorrunde?

(b) Nach Ablauf der Vorrunde spielen die vier Erstplatzierten in der Meisterrunde um den Weltmeistertitel, die vier Letztplatzierten spielen in der Abstiegsrunde den Absteiger aus. Dabei werden in jeder Gruppe zwei Spiele der einzelnen Mannschaften gegeneinander gewertet.

(α) Wie viele Spiele gibt es in der Abstiegsrunde, wenn die in Frage kommenden Spiele der Vorrunde nicht erneut ausgetragen, sondern die Vorrundenergebnisse in die Abstiegsrunde mitgenommen werden?

(ß) Wie viele Spiele gibt es in der Meisterschaftsrunde, wenn dort keine Ergebnisse aus der Vorrunde mitgenommen, sondern alle Spiele neu ausgetragen werden?

3.5.10 Aus einem Kartenspiel mit 32 Karten wird ein Stoß mit 13 Karten ausgewählt.

(a) Wie viele Stöße gibt es insgesamt?

(b) Wie viele Stöße gibt es, die keine Herzkarten enthalten?

(c) Wie viele Stöße enthalten

(α) die vier Könige,

(ß) genau drei Könige,

(γ) mindestens zwei Könige?

(d) Wie viele Stöße enthalten

(α) genau zehn Bilder,

(ß) mindestens zehn Bilder?

(e) Wie viele Stöße enthalten genau zwei Könige und drei Buben?

(f) Wie viele Stöße enthalten genau zwei Damen und zwei Pik?

3.6 Vermischte und komplexe Zählprobleme

3.6.1 Eine Gruppe besteht aus 9 Jungen und 3 Mädchen.

(a) Auf wie viele Arten kann man aus ihr 4 Personen auswählen?

(b) Wie viele Möglichkeiten gibt es, wenn darunter genau ein Mädchen sein soll?

(c) Wie viele Möglichkeiten gibt es, wenn unter den 4 Personen mindestens ein Mädchen sein soll?

3.6.2 Ein Ehepaar hat 11 gute Bekannte, davon 5 Ehepaare. Wie viele Möglichkeiten gibt es, 5 davon zum Essen einzuladen, wenn

(a) keine Einschränkungen zu beachten sind,

(b) von einem bestimmten Ehepaar keiner alleine kommen will,

(c) zwei der Bekannten sich nicht gut verstehen und nicht zusammentreffen wollen?

3.6.3 (a) Wie viele 8-Tupel mit i Nullen und (8-i) Einsen ($i = 0,1,\dots,8$) gibt es?

(b) Wie viele 10-Tupel aus $\{0,1\}$ gibt es, in denen vier-, fünf- oder sechsmal die Ziffer 0 vorkommt?

(c) Auf wie viele Arten lassen sich 5 blaue, 4 grüne, 3 rote und 2 weiße sonst nicht unterscheidbare Kugeln in eine Reihe legen?

3.6.4 Wie viele 8-Tupel aus $\{0,1,2\}$ gibt es, in denen

(a) dreimal die Null, zweimal die Eins und dreimal die Zwei vorkommen,

(b) dreimal die Null und fünfmal die Zwei vorkommen,

(c) genau dreimal die Null vorkommt?

3.6.5 Beim Pokern bekommt ein Spieler 5 Karten aus einem Kartenspiel von 32 Karten. Wie viele Möglichkeiten gibt es für

(a) einen Vierling,

(b) genau zwei Asse,

(c) genau ein Pärchen,

(d) einen »Flush« (5 Karten derselben Farbe Herz, Karo, Kreuz oder Pik),

(e) einen »Straight Flush« (Straße in einer einzigen Farbe),

(f) eine Straße,

(g) ein »Full House« mit drei Assen und zwei Königen,

(h) ein »Full House«?

3.6.6 (a) Wie viele verschiedene "Worte" (Anagramme) lassen sich aus dem Wort TENNESSEE bilden?

(b) Wie viele von ihnen beginnen und enden mit E?

(c) Wie viele davon beginnen mit T und enden mit E?

(d) In wie vielen Fällen steht der Buchstabe E viermal nebeneinander?

3.6.7 Eine Familie hat sechs Kinder, vier Jungen und zwei Mädchen.

(a) In wie vielen Junge-Mädchen-Reihenfolgen können die Kinder geboren sein?

(b) Wie viele Möglichkeiten gibt es, wenn das älteste Kind ein Junge ist?

(c) In wie vielen Fällen ist das älteste und das jüngste Kind ein Junge?

3.6.8 Die Mitglieder eines Vereins haben bei einer Generalversammlung einen Vorsitzenden, einen Stellvertreter, einen Schriftführer sowie einen ersten und zweiten Beisitzer zu wählen. Zu der Generalversammlung sind 21 Mitglieder erschienen.

(a) Wie viele verschiedene Vorstände sind möglich?

(b) Wie viele Möglichkeiten gibt es, wenn der Vorsitzende und der Schriftführer aus Altersgründen nicht mehr kandidieren?

3.6.9 Beantworte die folgenden Fragen sowohl für den Fall, dass die einzelnen Gruppen unterscheidbar sind (Gruppe A, Gruppe B, ...), als auch für den Fall, dass die Gruppen nicht unterscheidbar sind.

(a) Auf wie viele Arten kann man 12 Schüler so in vier Arbeitsgruppen aufteilen, dass jede Gruppe aus drei Schülern besteht?

(b) Auf wie viele Arten kann man zehn Schüler in drei Gruppen aufteilen, wenn eine Gruppe aus vier, die beiden anderen aus jeweils drei Schülern bestehen sollen?

(c) Auf wie viele Arten kann man 14 Personen auf sechs Gruppen aufteilen, wenn zwei Gruppen aus drei Personen, die anderen jeweils aus 2 Personen bestehen sollen?

(d) Auf wie viele Arten kann man n Schüler in zwei Gruppen mit mindestens einem Schüler aufteilen?

3.6.10 Zehn Bücher sollen in ein Regal gestellt werden: vier von Goethe, zwei von Schiller, zwei von Kafka und je eins von Frisch und Brecht.

(a) Wie viele Anordnungen gibt es insgesamt?

(b) Wie viele Anordnungen gibt es derart, dass die Bücher gleicher Autoren nebeneinander stehen?

(c) Auf wie viele Arten kann man die Bücher aufstellen, wenn sie von links nach rechts in alphabetischer Reihenfolge der Autoren stehen sollen?

3.6.11 In einem Aquarium schwimmen drei rote, zwei schwarze und ein silberner Fisch. Mit einen Netz werden drei Fische gefangen. Wie viele Möglichkeiten gibt es?

3.6.12 Beim Spiel »Mastermind« muss ein Spieler A eine Vierer-Anordnung aus sechs verschieden gefärbten Spielsteinen erraten, die ein Spieler B verdeckt vorgibt.

(a) Wie viele verschiedene Möglichkeiten hat Spieler B für eine Viererreihe, wenn Farben mehrfach vorkommen dürfen und von jeder Farbe mindestens vier Steine vorhanden sind?

(b) Wie viele Möglichkeiten sind es, wenn B alle Spielsteine von der gleichen Farbe wählt?

(c) Wie viele Möglichkeiten gibt es, wenn B vier verschiedene Farben wählt?

(d) Wie groß ist die Anzahl der Möglichkeiten, wenn B jeweils zwei Spielsteine gleicher Farbe wählt?

3.6.13 Das Spiel »Mastermind« wird in abgewandelter Form manchmal auch so gespielt, dass ein Spieler B acht verschieden gefärbte Spielsteine zur Verfügung hat, aus denen er eine Fünfer-Anordnung vorgibt, ohne dass sich eine Farbe wiederholen darf.

(a) Wie viele Möglichkeiten der Farbauswahl hat der Spieler B?

(b) Wie viele Anordnungen muss der Spieler A schlimmstenfalls durchprobieren, wenn er die fünf richtigen Farben bereits kennt und nur noch deren Anordnung zu erraten hat?

(c) Unter wie vielen verschiedenen Aufgabenstellungen kann der Spieler B wählen?

3.6.14 In einer Urne befinden sich fünf Scheine zu 200 DM, vier Scheine zu 100 DM und zwei Scheine zu 50 DM. Man zieht mit einem Griff vier Scheine aus der Urne.

(a) Wie viele verschiedene Ziehungen gibt es?

(b) Wie viele Ziehungen ergeben 400 DM?

3.6.15 Aus einem Skatspiel mit 32 Karten werden gleichzeitig drei Karten gezogen. Die Wertigkeit der einzelnen Karten sei in aufsteigender Folge 7, 8, 9, Bube, Dame, König, 10 und Ass.

(a) Wie viele Möglichkeiten gibt es insgesamt?

(b) In wie vielen Fällen sind die drei Karten von der gleichen Farbe?

(c) In wie vielen Fällen sind unter den drei Karten wenigstens zwei Karten der gleichen Farbe?

(d) Wie viele Möglichkeiten gibt es, dass die drei Karten eine Straße bilden (drei Karten in einer Reihenfolge wie z.B. 8, 9, Bube, wobei die Farbe der Karten keine Rolle spielt)?

3.7 Kombinatorische Berechnung von LAPLACE-Wahrscheinlichkeiten

3.7.1 Ein Laplace-Würfel wird sechsmal geworfen.

(a) Mit welcher Wahrscheinlichkeit fallen sechs verschiedene Augenzahlen?

(b) Mit welcher Wahrscheinlichkeit treten die Augenzahlen 1, 3 und 5 je zweimal auf?

3.7.2 (a) Wie groß ist die Wahrscheinlichkeit, mit einem Würfel keine Sechs zu werfen?

(b) Wie groß ist die Wahrscheinlichkeit, beim zweimaligen Ziehen ohne Zurücklegen aus einer Urne mit 3 gelben, 7 grünen und 5 roten Kugeln keine rote Kugel zu ziehen?

(c) Wie groß ist die Wahrscheinlichkeit, beim zweimaligen Würfeln keinen Pasch zu erzielen?

3.7.3 Sechs Ehepaare bilden einen Kegelverein. Für die anstehende Kegeltour soll ein zweiköpfiger Organisationsausschuss per Los bestimmt werden. Wie groß ist die Wahrscheinlichkeit dafür, dass er aus

(a) zwei Damen,

(b) zwei Herren,

(c) einer Dame und einem Herrn

(d) einem Ehepaar besteht?

3.7.4 Mit welcher Wahrscheinlichkeit zieht man aus einem Skatspiel mit 32 Karten

(a) ein Ass,

(b) eine Dame,

(c) einen Buben oder eine Dame,

(d) ein Bild,

(e) kein Bild,

(f) einen Buben oder keine Dame,

(g) eine rote Karte oder einen Buben?

3.7.5 Wie groß ist beim Zahlenlotto "6 aus 49" die Wahrscheinlichkeit, dass es sich bei den Gewinnzahlen

(a) um nur gerade Zahlen,

(b) um Zahlen von 1 bis 31 (mögliche Geburtstage),

(c) um sechs aufeinanderfolgende Zahlen handelt?

3.7.6 Eine Urne enthält 10 Kugeln, von denen fünf die Nummer 1, vier die Nummer 2 und eine die Nummer 3 trägt. Man zieht drei Kugeln nacheinander und ohne Zurücklegen aus dieser Urne. Man legt die Kugeln von links nach rechts nebeneinander, so dass eine Zahl aus drei Ziffern entsteht. Wie groß ist die Wahrscheinlichkeit, dass

(a) die Zahl aus lauter verschiedenen Ziffern besteht,

(b) die Zahl 111 entsteht,

(c) die Zahl 112 erscheint,

(d) eine Zahl mit mindestens einmal der Ziffer 1 erscheint?

3.7.7 Eine Computerzeitschrift hatte seine Leser aufgefordert, eigene Programme einzusenden. Nach einer Vorauswahl soll eine Jury aus 10 Programmen die besten bestimmen. Jedes Mitglied der Jury soll dazu die 10 Programme testen und die drei besten der Reihenfolge nach benennen. Von den 10 Programmen der Endausscheidung kommen drei aus dem Ausland.

(a) Wie viele Möglichkeiten der Klassifizierung hat ein Mitglied der Jury?

(b) Ein Mitglied der Jury hatte keine Zeit gefunden, sich die Programme anzusehen. Es muss daher auf gut Glück abstimmen. Wie groß ist die Wahrscheinlichkeit, dass es

(α) ein Programm aus dem Ausland auf Platz 1 setzt,

(ß) nur Programme aus dem Inland benennt,

(γ) mindestens ein Programm aus dem Inland in seine Wertung aufnimmt?

3.7.8 In einer Urne befinden sich sechs Kugeln, zwei weiße, zwei blaue, eine rote und eine grüne. Berechne die Wahrscheinlichkeit, dass man die drei Farben blau, weiß und rot in den folgenden Fällen erhält:

(a) Man zieht drei Kugeln mit einem Griff aus der Urne.

(b) Man zieht nacheinander drei Kugeln aus der Urne und legt die gezogene Kugel jeweils wieder zurück.

(c) Man zieht nacheinander drei Kugeln ohne Zurücklegen aus der Urne.

3.7.9 In einer Fabrik wird ein Produkt in den Größenklassen I, II, III und IV hergestellt. Das Sortiment soll nun in einer Glasvitrine in einer Reihe ausgestellt werden, und zwar einmal das Produkt der Klasse IV und je zwei der drei anderen Klassen.

(a) Auf wie viele Arten ist dies möglich?

(b) Mit welcher Wahrscheinlichkeit steht das Produkt der Klasse IV zwischen den beiden Produkten der Klasse III?

3.7.10 Aus einer Urne mit zehn von 1 bis 10 durchnummerierten Kugeln werden zwei Kugeln zufällig gezogen. Berechne in den folgenden Fällen die Wahrscheinlichkeit dafür, dass die aus den Nummern der Kugeln gebildete Summe gerade ist:

(a) Die Kugeln werden mit einem Griff gezogen.

(b) Die Kugeln werden ohne Zurücklegen nacheinander gezogen.

(c) Die Kugeln werden nacheinander mit Zurücklegen gezogen.

3.7.11 Sechs Ehepaare verbringen gemeinsam ihren Urlaub.

(a) Zur Vorbereitung eines Ausflugs werden zwei Personen ausgelost. Wie groß ist die Wahrscheinlichkeit, dass

(α) die beiden Personen verheiratet sind,

(ß) eine Person männlich, die andere weiblich ist?

(b) Bei einer Tombola hat die Reisegruppe eine Bootsfahrt für vier Personen gewonnen. Wie groß ist die Wahrscheinlichkeit, dass unter den vier Personen, die die Fahrt mitmachen dürfen

(α) zwei Ehepaare,

(ß) keine Ehepartner,

(γ) genau ein Ehepaar sind?

3.7.12 Beim Skatspiel erhält jeder der drei Mitspieler 10 Karten, die beiden restlichen Karten werden in den sog. Stock gelegt.

(a) Wie groß ist die Wahrscheinlichkeit, dass Spieler A alle vier Buben erhält?

(b) Wie groß ist die Wahrscheinlichkeit, dass ein Spieler alle vier Buben erhält?

(c) Wie groß ist die Wahrscheinlichkeit für eine Kartenverteilung, bei der jeder Spieler einen Buben erhält und der vierte Bube im Stock liegt?

3.7.13 Beim Skatspiel erhält jeder der drei Spieler 10 Karten, die beiden restlichen Karten werden in den Stock gelegt.

(a) Mit welcher Wahrscheinlichkeit bekommt der Spieler A zwei Buben und 5 Kreuz?

(b) Einer der drei Spieler besitzt nur einen Buben, ansonsten aber sehr gute Karten. Mit welcher Wahrscheinlichkeit kann er damit rechnen, im Stock wenigstens einen der drei übrigen Buben zu finden?

(c) Der besagte Spieler bekommt nach dem Reizen das Spiel und findet im Stock tatsächlich einen weiteren Buben. Er möchte einen 'Grand' spielen, bei dem nur die Buben Trümpfe sind. Wie groß ist die Wahrscheinlichkeit, dass einer der Gegenspieler die beiden anderen Buben hat?

3.7.14 In einer Urne befinden sich 10 rote, 15 schwarze sowie 20 weiße Kugeln. Es werden 8 Kugeln mit einem Griff gezogen. Wie groß ist die Wahrscheinlichkeit, dass die Stichprobe rote, schwarze und auch weiße Kugeln enthält?

Anleitung: Gehe von folgenden Ereignissen aus:

A : Keine rote Kugel in der Stichprobe;

B : Keine schwarze Kugel in der Stichprobe;

C : Keine weiße Kugel in der Stichprobe.

3.7.15 Ein Bridge-Kartenspiel besteht aus 52 Karten, 4 davon sind Asse. Es wird gut gemischt und dann eine Karte nach der anderen aufgedeckt.

(a) Mit welcher Wahrscheinlichkeit erscheint beim 5. Zug erstmals ein Ass?

(b) Mit welcher Wahrscheinlichkeit ist unter den ersten 5 Karten wenigstens ein Ass?

3.7.16 Zahlenlotto: Eine Urne enthält 49 Kugeln mit den Nummern 1, ... , 49. Es werden sechs Kugeln (ohne Zurücklegen) gezogen, wobei die Reihenfolge der Ziehungen nicht berücksichtigt wird.

(a) Ein Spieler hat auf seinem Tippschein sechs Zahlen aus 1, ... , 49 angekreuzt. Wie groß ist die Wahrscheinlichkeit, dass bei einer Ausspielung genau i dieser Zahlen (für i = 0,1, ... ,6) gezogen werden?
Stelle die Ergebnisse in einer Tabelle zusammen.

(b) Wie groß ist die Wahrscheinlichkeit, im Lotto mindestens 4 Richtige zu haben?

(c) Wie groß ist die Wahrscheinlichkeit, einen Fünfer mit Zusatzzahl sowie einen Fünfer ohne Zusatzzahl zu erzielen?

(d) Wie groß ist die Wahrscheinlichkeit, nur falsche Zahlen auf dem Tippschein anzukreuzen?

(e) Was ist wahrscheinlicher: Bei einer Tippreihe 6 Richtige zu haben, oder dass eine Affe, der auf einer Schreibmaschine mit 50 Typen klimpert, das Wort »affe« schreibt?

3.7.17 Für besonders begeisterte Lottospieler werden Spielsysteme angeboten. Bei einem solchen Spielsystem kann der Tipper gegen einen entsprechend höheren Einsatz 3 "Bankzahlen" und 10 "Systemzahlen" angeben. Aus diesen Zahlen werden die verschiedenen Tipps auf folgende Art gebildet: die drei Bankzahlen treten in jeder Tippreihe auf; die restlichen drei Zahlen einer Tippreihe werden aus allen möglichen Kombinationen der 10 "Systemzahlen"gebildet.

(a) Wie groß ist die Wahrscheinlichkeit, hierbei einen Sechser zu erzielen?

(b) Wie viele Fünfer und wie viele Vierer erzielt ein Tipper bei diesem System, wenn er bei 2 Bankzahlen und 3 Systemzahlen richtig liegt?

3.7.18 Es werden k Personen aufgefordert, sich unabhängig voneinander eine der Zahlen 1,...,100 zu merken. Man interessiert sich für das Ereignis A, dass mindestens zwei Personen dieselbe Zahl ausgewählt haben.

(a) Für welche Personenzahlen k ist A das sichere Ereignis?

(b) Berechne die Wahrscheinlichkeit von A in Abhängigkeit von k.

(c) Gib die Wahrscheinlichkeiten für $k = 8$, $k = 12$ und $k = 16$ an.

3.7.19 In einer Lotterie wird eine 7-stellige Gewinnzahl auf folgende Weise ermittelt: In einer Trommel kommt jede der Ziffern 0 bis 9 je 7-mal vor. Aus der Trommel werden die sieben Ziffern der Gewinnzahl nacheinander ohne Zurücklegen gezogen.

(a) Beweise, dass die Lotterie ungerecht ist.

Anleitung: Zeige z.B. anhand der Zahlen 1234567 und 1222333, dass nicht jede Losnummer die gleiche Gewinnwahrscheinlichkeit hat.

(b) Welche Losnummern besitzen die größte Wahrscheinlichkeit P, gezogen zu werden, welche die kleinste Wahrscheinlichkeit p?
Berechne das Verhältnis P:p.

3.7.20 Ein Mathematikleistungskurs besteht aus 12 Schülern.

(a) Wie groß ist die Wahrscheinlichkeit, dass es jeden Monat einen Geburtstag zu feiern gibt?

(b) Wie groß ist die Wahrscheinlichkeit, dass im Monat Januar genau zweimal gefeiert wird?

3.7.21 Ein unehrlicher Goldschmied besitzt 12 wertvolle Perlen und 3 wertlose Imitationen, die sich jedoch äußerlich nicht von echten Perlen unterscheiden. Er stellt aus den 15 Perlen in zufälliger Reihenfolge eine Kette her. Wie groß ist die Wahrscheinlichkeit, dass sich die drei Imitationen unmittelbar nebeneinander befinden?

4. BEDINGTE WAHRSCHEINLICHKEIT

4.1 Der Begriff der bedingten Wahrscheinlichkeit

4.1.1 A und B seien Ereignisse mit $P(A) = 3/8$, $P(B) = 5/8$ und $P(A \cap B) = 1/4$. Berechne $P(A \mid B)$ und $P(B \mid A)$.

4.1.2 Für zwei Ereignisse A und B sei bekannt:

$$P(A) = 0{,}5 \quad ; \quad P(B) = 0{,}5 \quad ; \quad P(A \cap B) = 0{,}25 \; .$$

Berechne folgende Wahrscheinlichkeiten:

(a) $P(A \mid B)$ (b) $P(B \mid A)$ (c) $P(A \cup B)$

(d) $P(\overline{A} \mid \overline{B})$ (e) $P(A \mid A \cup B)$

4.1.3 Berechne die bedingte Wahrscheinlichkeit $P(A \mid B)$ in folgenden Sonderfällen:

(a) $B \subset A$ (b) $A \cap B = \emptyset$

4.1.4 Es wird zufällig eine Zahl von 1 bis 100 ausgewählt.

(a) Mit welcher Wahrscheinlichkeit ist sie durch 5 teilbar, wenn bekannt ist, daß sie durch 3 teilbar ist?

(b) Mit welcher Wahrscheinlichkeit ist sie durch 8 teilbar, wenn man schon weiß, daß sie durch 4 teilbar ist?

4.1.5 Beim Werfen zweier Würfel werden folgende Ereignisse betrachtet:

G: »Die Augensumme ist gerade« ,

D: »Die Augensumme ist durch 3 teilbar« .

Berechne die Wahrscheinlichkeiten $P(D \mid G)$ und $P(G \mid D)$.

4.1.6 Die Schüler einer Schule werden auf Farbenblindheit untersucht. Die folgende Vierfeldertafel zeigt das Resultat (J: Junge, M: Mädchen, F: farbenblind).

	J	M
F	35	3
$\overline{F}$	750	624

Berechne für einen zufällig bestimmten Schüler die folgenden Wahrscheinlichkeiten:

(a) $P(F)$ (b) $P(F \mid J)$ (c) $P(F \mid M)$

(d) $P(J \mid F)$ (e) $P(M \mid F)$

4.1.7 Eine Münze wird sechsmal geworfen. Wie groß ist die Wahrscheinlichkeit, dass genau fünfmal Kopf erscheint, wenn man weiß, daß Kopf mindestens dreimal erscheint?

4.1.8 Gegeben ist ein Zufallsexperiment mit der Ergebnismenge Ω, einem W-Maß P und Ereignissen A , A', B $\subset \Omega$. Zeige folgende Eigenschaften der bedingten Wahrscheinlichkeit:

(a) $0 \leq P(A \mid B) \leq 1$

(b) $A \subset A' \Rightarrow P(A \mid B) \leq P(A' \mid B)$

(c) $P(A) = P(A \mid B) \cdot P(B) + P(A \mid \overline{B}) \cdot P(\overline{B})$

4.1.9 Jemand wählt auf gut Glück aus einer Urne mit Kugeln, die von 1 bis 9 durchnummeriert sind, zwei Kugeln mit einem Griff aus.

(a) Mit welcher Wahrscheinlichkeit wurde die Kugel mit der Ziffer 4 gewählt, wenn die Summe der Ziffern ungerade ist?

(b) Mit welcher Wahrscheinlichkeit ist die Summe der Ziffern ungerade, wenn eine Kugel die Ziffer 4 trägt?

4.1.10 Man wirft einen blauen und einen roten Würfel gleichzeitig. Betrachte die folgenden Ereignisse:

A: Der blaue Würfel zeigt eine Sechs.
B: Der rote Würfel zeigt eine Eins.
C: Beide Würfel zeigen eine Eins oder eine Sechs.

Berechne die folgenden Wahrscheinlichkeiten. Beschreibe die zugehörigen Ereignisse.

(a) $P(C)$ (b) $P(C \mid A)$ (c) $P(C \mid B)$

(d) $P(C \mid A \cap B)$ (e) $P(C \mid A \cup B)$

4.1.11 Ein grüner und ein roter Würfel werden nacheinander geworfen und ihre Augenzahlen festgestellt.

(a) Der grüne Würfel ist bereits geworfen und zeigt die Augenzahl 5. Nun wird der rote Würfel geworfen. Wie groß ist die Wahrscheinlichkeit, dass die Augensumme größer als 8 ist?

(b) Man weiß, dass die Augenzahl des grünen Würfels kleiner als 3 ist. Wie groß ist die Wahrscheinlichkeit, dass die Augensumme ungerade ist?

(c) Man weiß, dass die Augensumme 6 ist. Wie groß ist die Wahrscheinlichkeit, dass mindestens ein Würfel eine Sechs zeigt?

(d) Man weiß, dass beide Würfel die gleiche Augenzahl zeigen. Wie groß ist die Wahrscheinlichkeit, dass die Augensumme gerade ist?

(e) Man weiß, dass die Augenzahlen der beiden Würfel verschieden sind. Wie groß ist die Wahrscheinlichkeit, dass die Augensumme ungerade ist?

4.1.12 In einer Urne befinden sich 12 Kugeln: 7 rote und 5 blaue. Von den roten Kugeln sind 4 gepunktet, die anderen einfarbig. Von den blauen Kugeln sind 3 gepunktet, die anderen einfarbig.

(a) Ein Spieler zieht in einem ersten Versuch eine Kugel aus der Urne. Wie groß ist die Wahrscheinlichkeit eine rote Kugel zu ziehen, wenn man weiß, daß sie gepunktet ist?

(b) Im zweiten Versuch zieht der Spieler zwei Kugeln mit einem Griff aus der Urne. Wie groß ist die Wahrscheinlichkeit, genau eine rote Kugel zu ziehen, wenn man weiß, dass mindestens eine der beiden Kugeln gepunktet ist?

(c) In einem dritten Versuch zieht der Spieler zunächst eine Kugel aus der Urne. Nur wenn die Kugel gepunktet ist, zieht er ein zweites Mal, ohne dass die erste Kugel zurückgelegt wird. Wie groß ist die Wahrscheinlichkeit, dass der Spieler eine gepunktete und eine einfarbige Kugel zieht?

4.1.13 In einer Fabrik werden Glühbirnen mit Hilfe von drei Maschinen A, B und C hergestellt. Der Anteil an der Gesamtproduktion beträgt 20% bei Maschine A mit einem Ausschussanteil von 5%, 30% bei Maschine B mit einem Ausschussanteil von 4% und 50% bei Maschine C mit 1% Ausschussanteil.

(a) Berechne folgende Wahrscheinlichkeiten:

(α) E : Die Glühbirne ist defekt und stammt von A.

(ß) F : Die Glühbirne ist defekt und stammt von B.

(γ) G : Die Glühbirne ist defekt und stammt von C.

(b) Wie groß ist die Wahrscheinlichkeit, dass eine zufällig ausgewählte Glühbirne defekt ist?

4.2 Baumdiagramme

(a) Multiplikationssatz

4.2.1 Eine Schulklasse besteht aus 13 Jungen und 9 Mädchen. Es werden vier Schüler zufällig ausgewählt. Wie groß ist die Wahrscheinlichkeit, dass nur Mädchen ausgewählt werden?

4.2.2 Jemand zieht aus einem Kartenspiel mit 32 Karten nacheinander vier Karten. Wie groß ist die Wahrscheinlichkeit, dass es sich um vier Herzkarten handelt?

4.2.3 Eine Urne enthält 9 schwarze und 6 weiße Kugeln. Es werden nacheinander und ohne Zurücklegen drei Kugeln gezogen. Wie groß ist die Wahrscheinlichkeit, dass die erste Kugel schwarz ist und die beiden folgenden weiß sind?

4.2.4 Ein Urne enthält fünf weiße und drei rote Kugeln. Man zieht nacheinander und ohne Zurücklegen aus der Urne. Berechne die Wahrscheinlichkeit, dass die erste rote Kugel beim 5. Zug erscheint.

4.2.5 Aus einer Urne mit 10 gelben und 5 roten Kugeln werden nacheinander und ohne Zurücklegen drei Kugeln gezogen. Berechne die Wahrscheinlichkeit, dass

(a) die beiden ersten Kugeln gelb sind und die dritte Kugel rot ist,

(b) die erste und die dritte Kugel gelb sind und die zweite Kugel rot ist,

(c) die erste und die dritte Kugel die gleiche Farbe besitzen und die zweite die andere Farbe besitzt.

4.2.6 Eine Fahrschule teilt ihre Schüler zufällig für die praktische Prüfung ein. Wie groß ist die Wahrscheinlichkeit, dass Frauen und Männer sich in der Reihenfolge abwechseln, wenn

(a) 4 Frauen und 3 Männer an der Prüfung teilnehmen,

(b) 3 Frauen und 3 Männer an der Prüfung teilnehmen?

4.2.7 Auf einem Jahrmarkt befinden sich drei Losbuden mit den Gewinnchancen 45%, 40% und 30%. Mit welcher Wahrscheinlichkeit

(a) verliert man an allen drei Losbuden nacheinander,

(b) verliert man nur genau einmal,

(c) verliert man höchstens einmal?

4.2.8 Nach der laufenden Spielzeit hat eine Fußballmannschaft 60% der Spiele gewonnen, 25% der Spiele verloren und in 15% der Spiele unentschieden gespielt. Wie groß ist die Wahrscheinlichkeit, dass die Mannschaft bei gleicher Spielstärke in den nächsten drei Spielen

(a) mindestens einmal unentschieden spielt,

(b) zweimal gewinnt und einmal verliert?

4.2.9 Ein Multiple-Choice-Test besteht aus vier Fragen, zu denen jeweils vier Alternativen angegeben sind. Es ist immer nur eine Alternative richtig. Der Test ist bestanden, wenn mindestens drei Fragen richtig beantwortet werden. Fritzchen hat absolut keine Ahnung. Mit welcher Wahrscheinlichkeit besteht er durch bloßes Raten?

4.2.10 Auf dem Jahrmarkt muss man an einer Schießbude bei drei Schüssen dreimal treffen, um den Hauptpreis zu erhalten.

(a) Wie groß ist die Wahrscheinlichkeit, dass ein Schütze mindestens einen Treffer landet, wenn man eine gleichbleibende Trefferwahrscheinlichkeit von 25% zugrunde legt?

(b) Wie groß ist die Wahrscheinlichkeit, den Hauptpreis zu erzielen, wenn nach jedem Treffer die Trefferwahrscheinlichkeit vor Aufregung um 5% sinkt?

4.2.11 Ein Betrunkener hat in seiner Tasche 6 Schlüssel, von denen aber nur einer in das Schloss zu seiner Wohnung passt. Er probiert die Schlüssel wahllos durch, wobei er aber noch so fit ist, dass er einen falschen Schlüssel nicht wieder in die Tasche zurücksteckt. Mit welcher Wahrscheinlichkeit hat er den richtigen Schlüssel

(a) gleich beim ersten Griff,

(b) spätestens beim dritten Griff,

(c) genau mit dem vierten Griff?

4.2.12 Eine Sensation wird mündlich weitererzählt, allerdings nur mit der Wahrscheinlichkeit 3/4 richtig. Nach dem wie vielten Weitererzählen ist die Wahrscheinlichkeit, dass wahrheitsgemäß berichtet wird, unter 5% gesunken?

4.2.13 Mehrere Jäger schießen gleichzeitig auf einen Hasen. Es soll angenommen werden, dass jeder der Jäger eine Trefferwahrscheinlichkeit von 60% besitzt und dass sich die Jäger nicht gegenseitig beeinflussen. Wie viele Jäger dürfen auf einen Hasen schießen, damit dieser noch eine Überlebenschance von wenigstens 5% besitzt?

(b) Baumdiagramme

4.2.14 In der Bevölkerung sind 4% der Männer und 1% der Frauen Linkshänder. In einem Oberstufenkurs sind 60% der Teilnehmer weiblich. Man wählt einen Teilnehmer zufällig aus; er ist Linkshänder. Wie groß ist die Wahrscheinlichkeit, dass es sich dabei um eine Schülerin handelt?

4.2.15 Eine Fabrik produziert mit drei Maschinen. Die Maschinen X, Y und Z stellen 55%, 30% und 15% der gesamten Produktion her. Die Ausschussanteile der Maschinen betragen dabei 3%, 4% und 5%. Wie groß ist die Wahrscheinlichkeit, dass ein defektes Teil von Maschine X stammt?

4.2.16 Bei der Übertragung der Zeichen "Punkt" und "Strich" in einem Fernmeldesystem werden durch Störungen im Mittel 5% der gesendeten Striche als Punkte und 3% der gesendeten Punkte als Striche empfangen. Von den gesendeten Zeichen sind 5/8 Striche. Wie groß ist die Wahrscheinlichkeit, dass

(a) ein beliebiges Zeichen richtig empfangen wurde,

(b) ein Strich empfangen wird, wenn man weiß, dass ein richtiges Zeichen empfangen wurde?

4.2.17 Die Endkontrolle von Microchips wird ausschließlich von 3 Prüfstellen A, B und C durchgeführt. A testet 30% der Chips und sortiert fehlerhafte Chips mit einer Wahrscheinlichkeit von 90% aus. B prüft 50% der Chips und sortiert fehlerhafte Chips mit einer Wahrscheinlichkeit von 80% aus. Die Stelle C übersieht fehlerhafte Stücke mit einer Wahrscheinlichkeit von 5%. Ein defekter Chip hat die Kontrolle unbeanstandet passiert. Mit welcher Wahrscheinlichkeit wurde er von C kontrolliert?

4.2.18 Ein Langschläfer steht morgens mit einer Wahrscheinlichkeit von 75% zu spät auf. Wenn er rechtzeitig aufsteht, erreicht er auch in 9 von 10 Fällen seinen Bus und kommt rechtzeitig zur Arbeit. Steht er zu spät auf, so schafft er es nur in 2 von 10 Fällen, den Bus zu erreichen.

(a) Mit welcher Wahrscheinlichkeit kommt der Langschläfer morgens zu spät?

(b) Der Langschläfer kommt morgens wieder einmal zu spät. Mit welcher Wahrscheinlichkeit ist er zu spät aufgestanden?

4.2.19 Fritzchen besucht das Speiselokal "Zum hungrigen Wolf" mit der Wahrscheinlichkeit von 25%, die Kneipe "Zum durstigen August" mit der Wahrscheinlichkeit 40% und das Café "Zum heißen Kännchen" mit der Wahrscheinlichkeit 35%. Im "hungrigen Wolf" trinkt er mit einer Wahrscheinlichkeit von 5% ein Bier zuviel, im "durstigen August" mit einer Wahrscheinlichkeit von 20% und im Café "Zum heißen Kännchen" mit der Wahrscheinlichkeit 2%. Fritzchen hatte heute morgen einen Kater. Mit welcher Wahrscheinlichkeit war er gestern Abend im "durstigen August"?

4.2.20 10% einer Bevölkerungsgruppe werden im Winter von einem Grippevirus befallen. Ein Test zeigt bei infizierten Personen mit der Wahrscheinlichkeit 90% die Infektion richtig an. Bei nichtinfizierten Personen wird mit der Wahrscheinlichkeit 2% fälschlicherweise eine Erkrankung diagnostiziert.

(a) Eine medizinische Diagnose kann in zweierlei Art falsch sein:

Fehler 1.Art: Der Patient hat die betreffende Krankheit, sie wird jedoch nicht erkannt.

Fehler 2.Art: Der Patient ist zwar gesund, die Diagnose aufgrund des Testergebnisses lautet jedoch krank.

Mit welcher Wahrscheinlichkeit tritt hierbei ein Fehler 1.Art sowie ein Fehler 2.Art auf?

(b) Ein Mann hat an dem Test teilgenommen. Das Untersuchungsergebnis weist ihn als grippeinfiziert aus. Mit welcher Wahrscheinlichkeit ist er in diesem Fall wirklich infiziert?

(c) Frau Meier erhält die Mitteilung, dass sie aufgrund des Testergebnisses gesund sei. Mit welcher Wahrscheinlichkeit ist sie in diesem Fall wirklich gesund?

4.2.21 In einer Urne befinden sich drei Würfel. Der erste Würfel ist ein LAPLACE-Würfel, die beiden anderen Würfel sind gezinkt. Beim zweiten Würfel erscheint eine Sechs mit der Wahrscheinlichkeit 1/2, beim dritten Würfel mit der Wahrscheinlichkeit 1. Man wählt einen Würfel zufällig aus. Mit welcher Wahrscheinlichkeit wirft man eine Sechs?

4.2.22 Man betrachtet drei Kartenstöße:

X: 5 Bilder und 7 Luschen,
Y: 3 Bilder und 4 Luschen,
Z: 4 Bilder und 4 Luschen .

Ein Kartenstoß wird zufällig ausgewählt und eine Karte entnommen. Wie groß ist die Wahrscheinlichkeit, dass die Karte aus Y stammt, wenn es eine Lusche ist?

4.2.23 Ein Urne A enthält neun von 1 bis 9 durchnummerierte Kugeln, eine Urne B fünf von 1 bis 5 durchnummerierte Kugeln. Man wählt eine Urne aus und zieht eine Kugel. Dabei wird in 2 von 5 Fällen die Urne B gewählt. Wie groß ist die Wahrscheinlichkeit, dass die Kugel aus Urne A stammt, wenn sie eine gerade Ziffer trägt?

4.2.24 Eine Urne enthält 5 grüne und 7 blaue Kugeln. Eine Kugel wird gezogen und an ihrer Stelle eine Kugel von der anderen Farbe in die Urne zurückgelegt. Dann zieht man ein zweites Mal aus der Urne.

(a) Berechne die Wahrscheinlichkeit, dass die zweite Kugel blau ist.

(b) Beide Kugeln haben die gleiche Farbe. Wie groß ist die Wahrscheinlichkeit, dass sie beide grün sind?

4.2.25 Eine Urne A enthält 7 weiße und 8 schwarze Kugeln, eine zweite Urne B enthält 6 weiße und 4 schwarze Kugeln. Man wählt zufällig eine Urne aus, wobei in 4 von 7 Fällen die Urne A gewählt wird, entnimmt ihr eine Kugel und legt sie in die andere Urne. Aus dieser Urne zieht man dann ein zweites Mal. Mit welcher Wahrscheinlichkeit haben beide Kugeln die gleiche Farbe?

4.2.26 Man betrachtet zwei Kartenstöße:

X : 5 Bilder und 3 Luschen

Y : 1 Bild und 2 Luschen .

Ein Laplace-Würfel wird geworfen. Fällt eine 5 oder eine 6, so wird der Kartenstoß Y ausgewählt, eine Karte entnommen und dem Kartenstoß X beigemischt. Andernfalls wird eine Karte aus X entnommen und Y beigemischt. Dann wird vom anderen Stoß eine zweite Karte gezogen.

(a) Wie groß ist die Wahrscheinlichkeit, dass beide Karten Bilder sind?

(b) Wie groß ist die Wahrscheinlichkeit, dass beide Karten Luschen sind?

4.2.27 Eine Urne A enthält neun von 1 bis 9 durchnummerierte Kugeln, eine Urne B fünf von 1 bis 5 durchnummerierte Kugeln. Man wählt eine Urne zufällig aus und zieht eine Kugel und legt sie beiseite. Trägt die Kugel eine gerade Zahl, so wird ein zweites Mal aus dieser Urne gezogen, andernfalls aus der anderen Urne.

(a) Wie groß ist die Wahrscheinlichkeit, dass beide Kugeln eine gerade Nummer besitzen?

(b) Wie groß ist die Wahrscheinlichkeit, dass beide Kugeln ungerade Nummern haben?

(c) Beide gezogenen Kugeln besitzen ungerade Nummern. Mit welcher Wahrscheinlichkeit stammen sie aus der Urne B?

4.2.28 Auf einem Jahrmarkt befinden sich drei Losbuden, eine mit einer Gewinnwahrscheinlichkeit von 20% und zwei mit einer Gewinnwahrscheinlichkeit von 10%. Ein Besucher des Jahrmarktes wählt eine der Buden auf gut Glück aus.

(a) Mit welcher Wahrscheinlichkeit gewinnt der Jahrmarktsbesucher mit dem ersten Los?

(b) Wie groß ist die Wahrscheinlichkeit, dass das zweite Los ein Gewinn ist, wenn das erste Los eine Niete war?

(c) Die beiden Lose waren Nieten. Mit welcher Wahrscheinlichkeit hat der Jahrmarktsbesucher sein Glück an der Losbude mit der Gewinnwahrscheinlichkeit von 20% versucht?

4.2.29 Eine Urne X enthält 4 rote, 3 schwarze und 2 weiße Kugeln. Eine Urne Y enthält 3 rote, 4 schwarze und 5 weiße Kugeln. Zunächst wird eine Urne zufällig ausgewählt, dann wird aus dieser Urne blind eine Kugel gezogen.

(a) Berechne die Wahrscheinlichkeiten der folgenden Ereignisse:
A : Die gezogene Kugel stammt aus X und ist rot.
B : Die gezogene Kugel stammt aus X.
C : Die gezogene Kugel ist rot.
D : Die gezogene Kugel ist nicht weiß.

(b) Man weiß, dass die gezogene Kugel schwarz ist. Mit welcher Wahrscheinlichkeit stammt diese Kugel aus der Urne Y?

4.2.30 Eine Urne I enthält 8 weiße und 2 rote Kugeln, Urne II und Urne III enthalten 8 weiße Kugeln. Aus Urne I werden zwei Kugeln gezogen und in Urne II gelegt; dann werden aus Urne II zwei Kugeln entnommen und in Urne III gelegt; schließlich werden zwei Kugeln aus Urne III entnommen und es wird die Anzahl der roten Kugeln festgestellt. Berechne die Wahrscheinlichkeiten, dass diese Anzahl 0, 1 oder 2 ist.

4.3 Unabhängige Ereignisse

(a) Rechnerische Überprüfung der Unabhängigkeit

4.3.1 Eine ideale Münze wird zweimal hintereinander geworfen. Überprüfe, ob die folgenden Ereignisse paarweise unabhängig sind:

A: Beim ersten Wurf fällt Zahl.

B: Beim zweiten Wurf fällt Kopf.

C: Bei einem Wurf fällt Zahl, beim anderen fällt Kopf.

4.3.2 Aus einem Skatspiel wird eine Karte gezogen und der Kartenwert festgestellt. Es werden folgende Ereignisse betrachtet:

A: Die gezogene Karte ist Pik.

B: Die gezogene Karte ist ein Ass.

C: Die gezogene Karte ist schwarz.

D: Die gezogene Karte ist ein Bild.

Untersuche, ob folgende Ereignisse unabhängig sind:

(a) A und B (b) A und C (c) A und D

(d) B und C (e) B und D (f) C und D

(g) $\overline{A}$ und B (h) $\overline{A}$ und C (i) $\overline{A}$ und $\overline{B}$

(j) $\overline{A}$ und $\overline{C}$

4.3.3 Ein gefälschter Würfel wird einmal geworfen und die Augenzahl festgestellt. Die Wahrscheinlichkeitsverteilung ist gegeben durch folgenden Tabelle:

ω	1	2	3	4	5	6
$P\{\omega\}$	0	0,4	0,1	0,1	0,3	0,1

Betrachte die Ereignisse

A : Die Augenzahl ist gerade.

B : Die Augenzahl ist durch 3 teilbar.

C : Die Augenzahl ist kleiner als 4.

Untersuche, ob folgende Ereignisse unabhängig sind:

(a) A und B (b) $\overline{A}$ und $\overline{B}$ (c) B und C

(d) $\overline{B}$ und $\overline{C}$ (e) A und C (f) $\overline{A}$ und $\overline{C}$.

4.3.4 Es seien A und B unabhängige Ereignisse mit den zugehörigen Wahrscheinlichkeiten $P(A) = 2/3$ und $P(B) = 3/4$. Berechne die Wahrscheinlichkeiten der Ereignisse $A \cap B$ und $A \cup B$.

4.3.5 Seien A und B Ereignisse mit $P(A) = 1/4$ und $P(A \cup B) = 1/3$.

(a) Berechne P(B), wenn A und B unvereinbar sind.

(b) Berechne P(B), wenn A und B unabhängig sind.

(c) Berechne P(B), wenn $A \subset B$ ist.

4.3.6 Der Defekt eines Kugelschreibers kann zwei Gründe besitzen: defekte Mechanik (Mangel A) und defekte Mine (Mangel B). Die Wahrscheinlichkeit, dass ein Kugelschreiber defekt ist, beträgt 0,088. Die Wahrscheinlichkeit für das Auftreten des Mangels A beträgt 0,05 und die für das Auftreten beider Mängel gleichzeitig 0,002. Untersuche, ob beide Mängel unabhängig voneinander auftreten.

4.3.7 Das Ehepaar Meier und 5 befreundete Ehepaare gründen einen Kegelclub. Zur Bildung eines Organisationskomitees werden 4 Personen zufällig ausgewählt. Es werden folgende Ereignisse betrachtet:

A: Es wird kein Mann ausgewählt.
B: Herr Meier wird ausgewählt.
C: Zwei Ehepaare werden ausgewählt.

(a) Prüfe A und B auf Unvereinbarkeit und Unabhängigkeit.

(b) Prüfe B und C auf Unvereinbarkeit und Unabhängigkeit.

4.3.8 Zeige: Sind die Ereignisse A und B unabhängig, so gilt dies auch für

(a) $\overline{A}$ und B (b) A und $\overline{B}$ (c) $\overline{A}$ und $\overline{B}$

4.3.9 Seien A und B unabhängige Ereignisse mit $P(A) = 1/2$ und $P(A \cup B) = 2/3$. Berechne

(a) P(B) (b) $P(A \mid B)$ (c) $P(\overline{B} \mid A)$

4.3.10 Zeige: Sind A und B unabhängige Ereignisse mit $A \subset B$, so ist $P(A) = 0$ oder $P(B) = 1$.

4.3.11 A und B seien unabhängige und unvereinbare Ereignisse mit $P(A) = 0{,}2$. Berechne $P(A \cup B)$.

4.3.12 Betrachtet wird die Ergebnismenge $\Omega = \{\omega_1, \omega_2, \omega_3, \omega_4, \omega_5\}$ eines LAPLACE-Experimentes. Bestimme alle Paare unabhängiger Ereignisse.

(b) Probleme zur Unabhängigkeit

4.3.13 Die Wahrscheinlichkeit, dass eine Person in einem Jahr an einem Grippevirus erkrankt, ist 0,4. Die Wahrscheinlichkeit, dass eine Person zur gleichen Zeit die Masern bekommt, beträgt 0,2. Das Auftreten beider Krankheiten kann als unabhängig angesehen werden. Wie groß ist die Wahrscheinlichkeit, dass eine Person in einem Jahr an mindestens einer der beiden Krankheiten erkrankt?

4.3.14 Ein Hochhaus hat zwei Aufzüge. Die Wahrscheinlichkeit, dass der erste Aufzug im Erdgeschoss hält, ist 20%. Für den zweiten Aufzug beträgt dieser Wert 30%. Die Aufzüge funktionieren voneinander unabhängig.

(a) Wie groß ist die Wahrscheinlichkeit, dass beide Aufzüge im Erdgeschoss halten?

(b) Mit welcher Wahrscheinlichkeit hält keiner der Aufzüge im Erdgeschoss?

4.3.15 Für einen 75-jährigen Mann besteht eine Wahrscheinlichkeit von etwa 1/3, noch weitere 10 Jahre zu leben. Für seine 70-jährige Frau beträgt diese Wahrscheinlichkeit 2/3. Berechne unter der Unabhängigkeitsannahme die Wahrscheinlichkeit, dass

(a) beide in 10 Jahren noch leben,

(b) mindestens einer von ihnen in 10 Jahren noch lebt,

(c) nur die Frau in 10 Jahren noch leben wird.

4.3.16 Drei elektronische Bauelemente A, B und C fallen mit den Wahrscheinlichkeiten 0,02, 0,05 bzw. 0,1 aus. Wie groß ist die Ausfallwahrscheinlichkeit des aus A, B und C gebildeten Systems, wenn

(a) die Bauelemente in Reihe geschaltet sind und das System dabei ausfällt, wenn mindestens ein Bauelement defekt ist?

(b) die Bauelemente parallel geschaltet sind und das System dabei nur ausfällt, wenn alle Bauelemente defekt sind?

4.3.17 In einer Klasse beträgt die Wahrscheinlichkeit für einen Linkshänder 2/5 und 1/3 für einen Brillenträger. Man kann davon ausgehen, dass diese beiden Merkmale unabhängig voneinander auftreten. Wie groß ist die Wahrscheinlichkeit dafür, dass ein zufällig herausgegriffener Schüler

(a) Linkshänder und Brillenträger ist?

(b) Linkshänder und kein Brillenträger ist?

(c) Linkshänder oder Brillenträger ist?

4.3.18 Einem Schützenverein gehören drei Mitglieder A, B und C an, die die Trefferwahrscheinlichkeiten 1/2, 1/3 und 3/4 besitzen. Die Schützen schießen gleichzeitig auf eine Scheibe, ohne dass dabei einer den anderen beeinflusst. Berechne die Wahrscheinlichkeit, dass

(a) die Scheibe getroffen wird,

(b) nur ein Schütze die Scheibe trifft.

4.3.19 In einer Glasbläserei werden Kristallgläser hergestellt. Man weiß aus Erfahrung, dass 15% aller Gläser Einschlüsse von Luftbläschen aufweisen und dass 10% aller Gläser Fehler in der Einfärbung haben. Diese Fehler treten unabhängig voneinander auf. Stücke ohne jeden Fehler sind für den Export bestimmt, Stücke mit einem Fehler werden im Inland abgesetzt und Stücke mit zwei Fehlern sind Ausschuss. Täglich werden 1000 Gläser produziert. Wie viele Gläser einer Tagesproduktion sind durchschnittlich

(a) für den Export bestimmt,

(b) für den Inlandsabsatz bestimmt,

(c) Ausschuss?

4.3.20 Drei Jäger A, B und C mit den Trefferwahrscheinlichkeiten 1/3, 5/8 und 4/5 schießen gleichzeitig und unabhängig voneinander auf einen Hasen.

(a) Beurteile die Überlebenschancen des Hasen.

(b) Wie groß ist die Wahrscheinlichkeit, dass jeder Jäger trifft?

(c) Mit welcher Wahrscheinlichkeit wird der Hase genau einmal getroffen?

(d) Der Hase wird genau einmal getroffen. Mit welcher Wahrscheinlichkeit hat Jäger A getroffen?

4.3.21 Wie gut darf ein Jäger A schießen, damit ein Hase, der von drei Jägern A, B und C gejagt wird, eine Überlebenschance von mindestens 2/15 haben soll? Jäger B hat eine Trefferwahrscheinlichkeit von 2/3, während Jäger C mit einer Wahrscheinlichkeit von 0,75 vorbeischießt.

4.3.22 Ein Jäger hat die Trefferwahrscheinlichkeit 0,3. Wie oft muss er schießen, um den Hasen mit einer Wahrscheinlichkeit von mindestens 80% zu erlegen?

4.4 Vermischte Aufgaben

4.4.1 An einer Universität studieren 70% der Studenten Geistes- und 30% der Studenten Naturwissenschaften. Von den Studenten der Geisteswissenschaften sind 40% weiblich, während von denen der Naturwissenschaften 90% männlich sind. Von den männlichen Studenten wohnt ein Drittel im Studentenwohnheim, bei den Studentinnen sind es die Hälfte, wobei dies nicht davon abhängt, ob jemand Geistes- oder Naturwissenschaften studiert. Berechne die Wahrscheinlichkeit dafür, dass

(a) ein zufällig ausgewählter Student ein männlicher Student der Naturwissenschaften ist.

(b) ein zufällig ausgewählter Student männlich ist.

(c) ein zufällig ausgewählter männlicher Student Naturwissenschaften studiert.

(d) ein zufällig ausgewählter Student der Naturwissenschaften weiblich ist und im Studentenwohnheim lebt.

(e) ein zufällig ausgewählter weiblicher, in einem Studentwohnheim wohnender Student Naturwissenschaften studiert.

4.4.2 Eine Urne A enthält 7 weiße und 8 schwarze Kugeln, eine zweite Urne B 6 weiße und 4 schwarze Kugeln.

(a) Man zieht aus jeder Urne eine Kugel. Mit welcher Wahrscheinlichkeit haben sie die gleiche Farbe?

(b) Man zieht aus jeder Urne zwei Kugeln. Mit welcher Wahrscheinlichkeit haben alle vier Kugeln die gleiche Farbe?

4.4.3 In einem Tennisspiel zwischen zwei Spielern A und B gewinnt A das erste Spiel mit der Wahrscheinlichkeit 3/5. Hat A ein Spiel gewonnen, so gewinnt er mit der Wahrscheinlichkeit 2/3 auch das folgende Spiel. Hat dagegen B ein Spiel gewonnen, so gewinnt A das folgende Spiel mit der Wahrscheinlichkeit 1/2. Berechne die Wahrscheinlichkeit, dass

(a) A die ersten vier Spiele nacheinander gewinnt,

(b) jeder eins der beiden ersten Spiele gewinnt.

4.4.4 Eine Karte wird aus einem Skatspiel (32 Karten) gezogen. Es bedeute:

A: die gezogene Karte ist eine Pik-Karte.

B: die gezogene Karte ist ein König.

C: die gezogene Karte ist eine schwarze Karte.

Prüfe diese Ereignisse paarweise auf Unabhängigkeit.

4.4.5 Zwei Volleyballmannschaften spielen öfters gegeneinander. Hat Mannschaft A Aufschlag, so macht sie mit der Wahrscheinlichkeit 1/3 den Punkt, andernfalls wechselt der Aufschlag zu B. Schlägt Mannschaft B auf, macht sie mit der Wahrscheinlichkeit 1/4 den Punkt, andernfalls wechselt der Aufschlag wieder.

(a) Zeige, dass Mannschaft B bei ihrem ersten Aufgaberecht mit der Wahrscheinlichkeit 1/6 den ersten Punkt erzielt, falls Mannschaft A mit dem Aufschlag beginnt.

(b) Mannschaft A beginnt mit dem Aufschlag. Berechne die Wahrscheinlichkeit, dass sie den ersten Punkt bei ihrem ersten oder bei ihrem zweiten Aufgaberecht gewinnt.

(c) Die Mannschaften A und B werfen eine LAPLACE-Münze, um das erste Aufgaberecht auszulosen. Berechne die Wahrscheinlichkeit, dass nach jeweils zweimaligem Aufgaberecht noch keine Mannschaft einen Punkt gewonnen hat.

4.4.6 Eine Urne enthält 16 gleichartige Kugeln: zwei rote, sechs schwarze und acht weiße. Es werden nacheinander zwei Kugeln gezogen, und zwar

(a) mit Zurücklegen,

(b) ohne Zurücklegen.

Berechne die Wahrscheinlichkeit der folgenden Ereignisse:

A : Beide Kugeln sind weiß.
B : Die erste Kugel ist weiß, die zweite Kugel ist schwarz.
C : Genau eine Kugel ist rot.
D : Mindestens eine Kugel ist weiß.
E : Höchstens eine Kugel ist schwarz.

4.4.7 Fritzchen und Erna sind befreundet. Beide haben samstags in der sechsten Stunde Grundkursunterricht im Fach Mathematik. Erna fehlt samstags in der sechsten Stunde mit der Wahrscheinlichkeit 1/3, Fritzchen ist anwesend mit der Wahrscheinlichkeit 1/2. Beide zusammen fehlen an 2 von 5 Samstagen. Überprüfe rechnerisch, ob das Fehlen beider Schüler unabhängige Ereignisse sind.

4.4.8 Es werden drei Urnen U_1, U_2 und U_3 betrachtet. U_1 enthält zwei rote und vier blaue Kugeln, U_2 drei rote und sechs grüne Kugeln, U_3 vier blaue und fünf grüne Kugeln. Man zieht aus U_1 eine Kugel und legt sie unbetrachtet in U_2. Dann zieht man aus U_2 eine zweite Kugel und legt diese ebenfalls unbetrachtet in U_3. Abschließend zieht man eine dritte Kugel aus U_3 und legt sie wiederum unbetrachtet in U_1. Berechne die Wahrscheinlichkeit dafür, dass der Inhalt von U_1 nach den drei Ziehungen der gleiche ist wie zu Beginn.

4.4.9 Es bezeichne A das Ereignis, dass eine Familie Kinder beiderlei Geschlechts hat. B bezeichne das Ereignis, dass dieselbe Familie höchstens ein Mädchen hat. Begründe unter der vereinfachenden Voraussetzung, dass Knaben- und Mädchengeburt unabhängig sind, folgende Aussagen:

(a) Bei Familien mit drei Kindern sind A und B unabhängig.

(b) Bei Familien mit zwei Kindern sind A und B abhängig.

4.4.10 Es werden zwei ideale Würfel betrachtet, bei denen aber im Gegensatz zu normalen Würfeln Zahlen auch mehrfach vorkommen können. Auf einem Würfel A sind die Ziffern 2, 4 und 6 jeweils zweimal zu finden, auf einem Würfel B ist die Ziffer 1 einmal, die Ziffer 3 zweimal und die Ziffer 5 dreimal zu finden. Man wirft die beiden Würfel gleichzeitig.

(a) Welche Augensummen können auftreten?

(b) Mit welcher Wahrscheinlichkeit treten diese Augensummen jeweils auf?

4.4.11 Eine Urne enthält vier von 1 bis 4 durchnummerierte rote Kugeln und drei von 1 bis 3 durchnummerierte blaue Kugeln. Man zieht aus der Urne zwei Kugeln gleichzeitig.

(a) Welches sind die möglichen Produkte der Augenzahlen, die dabei auftreten können?

(b) Berechne die zugehörigen Wahrscheinlichkeiten.

4.4.12 In einem Fabrikationsbetrieb weiß man aufgrund von Beobachtungen während einer längeren Zeit, dass rund 95% der hergestellten Apparate wirklich einwandfrei sind. Das Prüfverfahren erklärt 97% der wirklich einwandfreien Apparate als in Ordnung; aber auch 4% der defekten Apparate passieren die Kontrolle und werden irrtümlich als in Ordnung befunden. Berechne die Wahrscheinlichkeit dafür, dass

(a) ein Apparat intakt ist und auch als in Ordnung befunden wird.

(b) ein geprüfter Apparat als in Ordnung befunden wird.

(c) ein in Ordnung befundener Apparat auch tatsächlich einwandfrei ist.

(d) ein als defekt befundener Apparat auch tatsächlich defekt ist.

4.4.13 Eine Firma wird von drei verschiedenen Herstellern A, B und C beliefert. Erfahrungsgemäß sind 4% der Geräte von Hersteller A, 7% von Hersteller B sowie 15% von Hersteller C defekt. Die Firma deckt ihren Bedarf zur Hälfte bei Hersteller A, zu 30% bei Hersteller B und zu 20% bei Hersteller C. Wie groß ist die Wahrscheinlichkeit, dass

(a) ein Verkäufer der Firma ein defektes Gerät verkauft,

(b) das defekte Gerät vom Hersteller B stammt?

5. BERNOULLI - KETTEN

5.1 BERNOULLI-Experimente und BERNOULLI-Ketten

(a) Begriffsklärung

5.1.1 Prüfe, ob es sich bei den im Folgenden beschriebenen Zufallsexperimenten um BERNOULLI-Experimente handelt.

(a) Werfen eines Würfels und Feststellen der Augenzahl

(b) Werfen eines Würfels und Feststellen, ob die Augenzahl eine Primzahl ist.

(c) Ausgang eines Tennis-Spiels

(d) Ergebnis eines Spiels der Fußball-Bundesliga

(e) Sonntagsfrage vor einer Bundestagswahl: "Welche Partei würden Sie wählen, wenn am Sonntag Bundestagswahlen wären?"

(f) Endkontrolle bei der Fertigung von Microchips

5.1.2 Prüfe, welches der folgenden Zufallsexperimente als BERNOULLI-Kette aufgefasst werden kann. Gib gegebenenfalls an, was als Treffer oder Niete interpretiert werden soll, und gib die Trefferwahrscheinlichkeit p sowie die Länge n der Kette an.

(a) 7-maliges Werfen einer LAPLACE-Münze

(b) Gleichzeitiger Wurf von 7 LAPLACE-Münzen

(c) 5-maliges Ziehen aus einer Urne mit 10 schwarzen und 15 weißen Kugeln mit Zurücklegen der gezogenen Kugel

(d) Zahlenlotto

(e) Fußballtoto

(f) Prüfung der Funktionstüchtigkeit der Glühbirnen in einer 12er Packung

(g) Prüfung der Lebensdauer der Glühbirnen in einer 10er Packung

(h) Beantwortung der 10 Fragen eines Tests, wenn zu jeder Frage fünf Alternativen angegeben sind, von denen genau eine richtig ist.

5.1.3 Berechne die Wahrscheinlichkeit der folgenden BERNOULLI-Ketten B(n;p;k), wenn n die Kettenlänge, p die Trefferwahrscheinlichkeit und k die Trefferzahl bezeichnet.

(a) B(5 ; 1/2 ; 3) (b) B(8 ; 3/5 ; 3)

(c) B(11 ; 1/4 ; 10) (d) B(9 ; 3/7 ; 2)

(b) Berechnung von BERNOULLI-Wahrscheinlichkeiten

5.1.4 Eine Urne enthält 15 Kugeln, die von 1 bis 15 nummeriert sind. Es werden 10 Kugeln mit Zurücklegen aus der Urne gezogen; bei jeder Ziehung prüft man, ob eine Primzahl gezogen wurde. Begründe, warum das Zufallsexperiment eine Bernoulli-Kette ist. Gib Treffer, Länge und Parameter an. Berechne die Wahrscheinlichkeit, dass genau viermal eine Primzahl gezogen wird.

5.1.5 Berechne die Wahrscheinlichkeit, beim viermaligen Werfen einer LAPLACE-Münze

(a) dreimal Zahl und einmal Wappen zu erhalten,

(b) bei den ersten drei Würfen Zahl und beim letzten Wurf Wappen zu erhalten.

5.1.6 Ein Tennisspieler hat eine konstante Gewinnquote von 2/3 für jedes Spiel. Berechne die Wahrscheinlichkeit, dass er von vier Spielen

(a) genau zwei Spiele gewinnt,

(b) alle Spiele verliert,

(c) mindestens ein Spiel gewinnt.

5.1.7 Die Wahrscheinlichkeit für eine Knabengeburt beträgt 0,513. Berechne die Wahrscheinlichkeit, dass man in einem Krankenhaus bei den kommenden fünf Entbindungen folgendes beobachtet:

(a) 5 Jungen,

(b) 5 Mädchen,

(c) 3 Jungen und 2 Mädchen.

5.1.8 Bei einem Multiple-Choice-Test werden 10 Fragen gestellt. Zu jeder Frage werden 4 Antworten angeboten, wobei nur bekannt ist, dass mindestens eine Antwort richtig und mindestens eine falsch ist.

(a) Berechne die Wahrscheinlichkeit, bei einer einzelnen Frage die richtige Lösung durch reines Raten zu finden.

(b) Berechne die Wahrscheinlichkeit bei reinem Raten für die folgenden Ereignisse:

(α) keine richtige Antwort,

(ß) genau 5 richtige Antworten,

(γ) mindestens eine falsche Antwort.

5.1.9 Bei der Endkontrolle von Farbfernsehgeräten müssen 5% der Geräte beanstandet und zu einer Nachbesserung zurückgegeben werden. Berechne die Wahrscheinlichkeit dafür, dass

(a) unter 10 geprüften Geräten kein defektes Gerät ist,

(b) unter 20 geprüften Geräten genau ein defektes Gerät ist,

(c) unter 20 geprüften Geräten mindestens ein defektes Gerät ist.

5.1.10 Zur Beurteilung der zukünftigen wirtschaftlichen Entwicklung geben jedes Jahr fünf Wirtschftswissenschaftler (die sogenannten 5 Weisen) eine Prognose ab. Es soll angenommen werden, dass sich die 5 Weisen unabhängig voneinander äußern und dass jeder die kommende wirtschaftliche Entwicklung mit 80% Sicherheit richtig einschätzt. Wie groß ist die Wahrscheinlichkeit dafür, dass

(a) nur der erste und der dritte Weise richtig urteilen,

(b) alle Weisen richtig urteilen,

(c) man kein richtiges Urteil erhält,

(d) man wenigstens ein richtiges Urteil erhält?

5.1.11 Fritzchen spielt oft Schach gegen seinen Freund Max. Beide Freunde besitzen die gleiche Spielstärke. Fritzchen glaubt, dass die beiden folgenden Ereignisse E_1 und E_2 gleichwahrscheinlich sind. Hat er damit Recht?

E_1: Er gewinnt 5 von 9 Spielen.

E_2: Er gewinnt 10 von 18 Partien.

(c) Berechnung der Kettenlänge

5.1.12 Es soll angenommen werden, dass sich mehrere Wirtschaftswissenschaftler unabhängig voneinander äußern und dass jeder die kommende wirtschaftliche Entwicklung mit 80% Sicherheit richtig einschätzt. Wie viele Wissenschaftler müßte man nach ihrer Prognose für die zukünftige wirtschafliche Entwicklung fragen, um mit einer Wahrscheinlichkeit von mindestens 99% wenigstens eine richtige Prognose zu erhalten?

5.1.13 Eine Maschine erzeugt Werkstücke, von denen 5% Produktionsfehler aufweisen und ausgesondert werden müssen. Wie viele Werkstücke muss man wenigstens testen, um mit einer Wahrscheinlichkeit von mehr als 50% mindestens ein defektes Werkstück vorzufinden?

5.1.14 Biathlon ist eine Kombination aus Skilanglauf und Sportschießen. Aus wie vielen Schüssen müsste eine Schussserie bestehen, damit ein Biathlet mit einer Treffersicherheit von nur 60% mit einer Wahrscheinlichkeit von wenigstens 95% zumindest einen Treffer landet?

5.1.15 Ein Urne enthält 13 schwarze und 2 weiße Kugeln. Es soll stets eine Kugel herausgegriffen und wieder zurückgelegt werden. Wie oft muss man ziehen, damit die Wahrscheinlichkeit, mindestens ein weiße Kugel zu erhalten, größer als 50% ist?

(d) Berechnung der Trefferwahrscheinlichkeit

5.1.16 Ein elektronisches Bauteil enthält 10 Microchips, die unabhängig voneinander mit der Wahrscheinlichkeit p ordnungsgemäß arbeiten. Ist auch nur ein einziger Chip defekt, so ist das Bauteil bereits funktionsuntüchtig. Wie groß muss p sein, damit das Bauteil mit 90% Sicherheit arbeitet?

5.1.17 Wie groß müsste die Wahrscheinlichkeit p einer richtigen Prognose bei jedem der fünf Wirtschaftsexperten (Weisen) sein, damit man mit mindestens 95% Wahrscheinlichkeit nur richtige Prognosen erhält?

5.1.18 Herr Müller muss morgens auf seinem Weg zur Arbeit insgesamt 6 Ampeln passieren. Es soll angenommen werden, dass alle Ampeln unabhängig voneinander mit der gleichen Wahrscheinlichkeit p grün sind. Wie groß muss p sein, damit Herr Müller mit einer Wahrscheinlichkeit von 75% nicht anhalten muss?

5.1.19 Ein Glücksrad mit k gleichgroßen Feldern und nur einem einzigen Gewinnfeld wird 10-mal gedreht. Wie groß muss der Mittelpunktswinkel für ein einzelnes Feld sein, damit man mit einer Wahrscheinlichkeit von mindestens 75% keinen Gewinn erzielt?

(e) Vermischte Aufgaben

5.1.20 Wie viele unabhängige Versuche sind mindestens erforderlich, um mit einer Wahrscheinlichkeit von mehr als 50% bei einem Spiel folgende Ereignisse zu erzielen:

(a) Mit einem LAPLACE-Würfel mindestens eine Sechs würfeln.

(b) Mit zwei LAPLACE-Würfeln wenigstens eine Doppelsechs würfeln.

(c) Mit drei LAPLACE-Würfeln mindestens einen Sechser-Pasch würfeln.

5.1.21 Ein Urne enthält 10 weiße und 2 rote Kugeln. Man zieht aus der Urne drei Kugeln. Mit welcher Wahrscheinlichkeit erhält man zwei, eine oder aber keine rote Kugel, wenn man

(a) die Kugeln mit einem Griff zieht,

(b) die Kugeln nacheinander mit Zurücklegen zieht?

5.1.22 Ein Schütze auf dem Jahrmarkt trifft sein Ziel durchschnittlich mit der Wahrscheinlichkeit 25%. Wie oft muss er schießen, um mit einer Wahrscheinlichkeit von 2/3 mindestens einmal zu treffen?

5.1.23 Berechne die Wahrscheinlichkeit, dass von sechs Personen, die an einem bestimmten Tag an der theoretischen Führerscheinprüfung teilnehmen, mindestens eine an einem Sonntag geboren wurden.

5.1.24 Ein Tennisspieler gewinnt bei eigenem Aufschlag den Punkt mit der Wahrscheinlichkeit 2/3. Berechne die Wahrscheinlichkeit, dass er bei eigenem Aufschlag von vier aufeinander folgenden Punkten

(a) alle vier gewinnt,

(b) genau drei gewinnt,

(c) alle vier verliert.

5.1.25 Aus einer großen Menge von fabrikneuen Glühbirnen wählt man drei aus. Man weiß, dass durchschnittlich 5% der produzierten Glühbirnen fehlerhaft sind. Mit welcher Wahrscheinlichkeit

(a) erhält man genau zwei defekte Glühbirnen,

(b) ist die erste und die dritte Glühbirne defekt,

(c) sind höchstens zwei Glühbirnen defekt?

5.1.26 Fritzchen antwortet in einer mündlichen Prüfung mit einer Wahrscheinlichkeit von nur 1/3 richtig. Wie groß ist die Wahrscheinlichkeit, dass er erst bei der fünften Frage die erste richtige Antwort gibt?

5.1.27 Die Trefferwahrscheinlichkeit eines Schützen auf dem Jahrmarkt beträgt 0,2. Er will solange schießen, bis er 5 Treffer erzielt hat. Mit welcher Wahrscheinlichkeit hat er dies nach genau 10 Schüssen erreicht?

5.1.28 Ein Glücksrad besteht aus vier gleich großen Sektoren mit nur einem Gewinnsektor. Das Glücksrad wird mehrfach gedreht. Es werden die folgenden Ereignisse betrachtet:

E_1 : Der erste Gewinn tritt spätestens beim 8. Versuch ein.
E_2 : Der erste Gewinn tritt frühestens beim 4. Versuch ein.
E_3 : Der erste Gewinn tritt frühestens beim 4. Versuch und spätestens beim 8. Versuch ein.

(a) Zeige, dass mit den Bezeichnungen p für die Trefferwahrscheinlichkeit und q für die Nietenwahrscheinlichkeit gilt:

$$P(E_1) = 1 - q^8$$
$$P(E_2) = q^3$$
$$P(E_3) = q^3 \cdot (1 - q^5)$$

Berechne die Wahrscheinlichkeiten $P(E_1)$, $P(E_2)$ und $P(E_3)$.

(b) Wie oft muss man das Glücksrad drehen, damit man mit mindestens 90% Wahrscheinlichkeit mindestens einen Gewinn erzielt?

5.1.29 Ein Bus befördert 6 Passagiere, die unabhängig voneinander an den noch folgenden 5 Haltestellen mit der gleichen Wahrscheinlichkeit p aussteigen.

(a) Gib eine mathematische Beschreibung für das zufällige Verhalten der Passagiere an.

(b) Mit welcher Wahrscheinlichkeit steigen an der dritten Haltestelle genau 2 Passagiere aus?

(c) Mit welcher Wahrscheinlichkeit steigt an der letzten Haltestelle mindestens ein Passagier aus?

(d) Mit welcher Wahrscheinlichkeit steigen an der ersten Haltestelle genau 3 und an der vierten Haltestelle genau 2 Passagiere aus?

(e) Mit welcher Wahrscheinlichkeit muss der Bus erstmals an der zweiten Haltestelle anhalten?

5.2 Summenwahrscheinlichkeiten bei BERNOULLI-Ketten

5.2.1 Berechne für die Kettenlänge n und die Trefferwahrscheinlichkeit p folgende Summenwahrscheinlichkeiten bei Bernoulli-Ketten, wenn T für die Trefferzahl steht:

(a) $n = 8$, $p = 0{,}50$: $P(T \leq 3)$

(b) $n = 6$, $p = 0{,}25$: $P(T < 3)$

(c) $n = 5$, $p = 1/3$: $P(T \leq 3)$

(d) $n = 7$, $p = 0{,}75$: $P(T \geq 2)$

(e) $n = 9$, $p = 2/3$: $P(T > 2)$

5.2.2 Ein Spieler A wirft sechsmal einen idealen Würfel und gewinnt, wenn mindestens eine Sechs fällt. Ein Spieler B wirft einen idealen Würfel zwölfmal und gewinnt, wenn mindestens zwei Sechsen fallen. Wer hat die größeren Gewinnchancen?

5.2.3 Es soll angenommen werden, dass von einer bestimmten Bevölkerungsgruppe 40% Raucher sind.

(a) Eine Gruppe von 10 Personen wird ausgewählt. Wie groß ist die Wahrscheinlichkeit, dass darunter mehr als 4 Raucher sind?

(b) Wie groß müsste die Gruppe sein, damit mit einer Wahrscheinlichkeit von mehr als 90% mindestens ein Raucher dabei ist?

5.2.4 Von 20 elektronischen Bauteilen sind durchschnittlich 5 fehlerhaft. Man wählt aus der großen Anzahl von Bauteilen, die eine Firma an einem Tag produziert, 10 Bauteile aus und überprüft sie auf Funktionstüchtigkeit. Mit welcher Wahrscheinlichkeit erhält man dabei mindestens 5 fehlerhafte Bauteile?

5.2.5 Eine Laplace-Münze wird 50-mal geworfen. Man gewinnt, wenn Wappen in weniger als 20 Fällen oder öfter als 30-mal fällt. Berechne die Gewinnchance.

5.2.6 Ein Artist schafft ein Doppelsalto mit der Wahrscheinlichkeit 0,2. Um ein Engagement beim Zirkus zu erhalten, muss er vorturnen und dabei in 10 Versuchen mindestens 6 gelungene Doppelsalti vorweisen. Mit welcher Wahrscheinlichkeit erhält er das Engagement?

5.2.7 Ein Kurs besteht aus 6 Jungen und 6 Mädchen. Es soll ein Ausschuß von 5 Personen zur Vorbereitung der Abschlussfahrt bestimmt werden. Dazu werden die Namen auf je einen Zettel geschrieben und in eine Urne gelegt. Aus der Urne zieht man dann zufällig 5 Zettel. Wie groß ist die Wahrscheinlichkeit, dass 3 Jungen und 2 Mädchen gezogen werden?

5.2.8 Fritzchen muss sich auf eine Prüfung vorbereiten, in der 12 Fragen zu beantworten sind. Zu jeder Frage werden zwei Alternativen gegeben, von denen genau eine richtig ist. Die Prüfung gilt als bestanden, wenn der Prüfling auf mindestens 9 Fragen richtig antwortet.

(a) Mit welcher Wahrscheinlichkeit besteht Fritzchen die Prüfung, wenn er für die Prüfung überhaupt nichts lernt und bei allen Fragen rät?

(b) Fritzchen überlegt, auf wie viele Fragen er die Antwort wissen muss, damit er durch zufälliges Ankreuzen bei den anderen Fragen immer noch mit mindestens 75% Wahrscheinlichkeit besteht.

5.2.9 Zu einer Abiturabschlussfeier sind insgesamt 500 Gäste erschienen. Die Veranstalter wollen denjenigen Gästen, die am Tag der Feier Geburtstag haben, einen Blumenstrauß überreichen. Die Blumen müssen aber schon vor Beginn der Feier bestellt werden. Die Veranstalter beschließen daher, so viele Blumensträuße zu bestellen, dass sie mit einer Wahrscheinlichkeit von mehr als 90% ausreichen. Wie viele Blumensträuße müssen bestellt werden?

5.2.10 Ein Glücksrad besteht aus vier gleich großen Sektoren mit nur einem Gewinnsektor. Das Glücksrad wird mehrfach gedreht. Es werden die folgenden Ereignisse betrachtet:

E_1 : Der zweite Gewinn tritt spätestens beim 8. Versuch ein.

E_2 : Der zweite Gewinn tritt frühestens beim 4. Versuch ein.

Bestimme $P(E_1)$ und $P(E_2)$.

6. VERMISCHTE AUFGABEN

Aufgabe 1:

Die Angestellten eines Großbetriebes lesen immer nur zwei Tageszeitungen, die Zeitung AZ und die Zeitung BZ. Durch Befragung der Angestellten wurde folgendes festgestellt: 60% der Angestellten lesen die AZ; 20% lesen die AZ, jedoch nicht die BZ; 10% lesen die BZ, aber nicht die AZ.

(a) Mit welcher Wahrscheinlichkeit liest ein zufällig ausgewählter Angestellter
- (α) beide Zeitungen;
- (ß) höchstens eine Zeitung;
- (γ) die Zeitung BZ;
- (δ) wenigstens eine Zeitung;
- (ϵ) keine Zeitung?

(b) Sind die beiden Ereignisse "Lesen der AZ" und "Lesen der BZ" unabhängig?

(c) Von einem Angestellten ist bekannt, dass er die AZ liest. Wie groß ist Wahrscheinlichkeit, dass er auch die BZ liest?

(d) Wie viele Beschäftigte muss man auswählen, damit mit 99%-iger Sicherheit mindestens ein AZ-Leser darunter ist?

Aufgabe 2:

Eine Firma stellt Taschenrechner her. Diese verkauft sie in Packungen zu 10 Stück. Ein Kunde bezieht 10 Packungen. Aus jeder Packung nimmt er drei (verschiedene und zufällig ausgewählte) Geräte und überprüft sie auf Korrektheit. Der Kunde nimmt die Packung nur dann an, falls er bei der Kontrolle ausschließlich intakte Geräte vorfindet.

(a) In einer Packung sind (ohne Wissen des Kunden) zwei defekte Rechner. Wie groß ist die Wahrscheinlichkeit dafür, dass diese Packung angenommen wird?

(b) Wie groß ist die Wahrscheinlichkeit, dass alle 10 Packungen angenommen werden, falls (ohne Wissen des Kunden) in jeder Packung zwei fehlerhafte Geräte sind?

(c) Bei der Herstellung wird jeder Rechner mit der Wahrscheinlichkeit 0,9 fehlerfrei produziert. Mit welcher Wahrscheinlichkeit wird die erste untersuchte Packung angenommen? Wie groß ist die Wahrscheinlichkeit, dass mindestens 18 Packungen von 20 angenommen werden?

(d) Bei der Produktion wird ein Rechner mit der Wahrscheinlichkeit 0,1 defekt. Die defekten Rechner haben mindestens einen der Fehler X oder Y. Unter allen Rechnern tritt der Fehler X mit der Wahrscheinlichkeit 4% und die Kombination der Fehler X und Y mit der Wahrscheinlichkeit 0,25% auf. Prüfe, ob die beiden Fehler X und Y unabhängig voneinander auftreten.

Aufgabe 3:

In einer Urne sind 5 rote, 3 schwarze und 2 weiße Kugeln.

(a) Es wird eine geordnete 8-Stichprobe mit Zurücklegen gezogen. Wie groß ist die Wahrscheinlichkeit, dass diese Stichprobe genau 3 oder genau 4 rote Kugeln enthält?

(b) Es wird eine geordnete 4-Stichprobe ohne Zurücklegen gezogen. Wie groß ist die Wahrscheinlichkeit, dass nur die ersten beiden Kugeln rot sind?
Mit welcher Wahrscheinlichkeit sind nur die letzten beiden Kugeln rot?

(c) Es werden drei Kugeln mit einem Griff gezogen und ihre Farben festgestellt. Wie oft muss man dieses Zufallsexperiment wiederholen, um mit 90% Sicherheit wenigstens einmal nur schwarze Kugeln zu ziehen?

Aufgabe 4:

Beim Mittwochslotto "7 aus 38" werden aus einer Trommel mit 38 nummerierten Kugeln sieben Kugeln ohne Zurücklegen gezogen.

(a) Wie groß ist die Wahrscheinlichkeit, beim Ausfüllen eines Lottokästchens auf dem Tippschein (auf einem Schein sind mehrere Tipps möglich)
(α) genau vier Zahlen
(ß) genau sieben Zahlen (Volltreffer)
richtig zu tippen?

(b) Ein Tipper kreuzt in seinem ersten Kästchen stets seine Geburtsdaten (Tag, Monat, Jahr; z.B. 5, 7, 33) an. Berechne die Wahrscheinlichkeit für einen Volltreffer, wenn die betreffenden Zahlen bei einer Ziehung tatsächlich auftreten!

(c) Wie viele Kästchen muss man ausfüllen, um mit einer Wahrscheinlichkeit von mindestens 10% wenigstens einmal genau vier Richtige zu tippen?

(d) Wie groß ist die Wahrscheinlichkeit, höchstens einmal genau 4 Richtige zu haben, wenn insgesamt 20 Tipps abgegeben werden?

Aufgabe 5:

(a) Ein Lehrer macht seine Noten auf folgende Art: Er würfelt mit einem Laplace-Würfel dreimal und nimmt die kleinste der auftretenden Augenzahlen als Zeugnisnote. Wie viel Prozent der Schüler können dabei mit einer Eins oder einer Zwei rechnen?

(b) Ein Kollege macht seine Noten auf folgende Art: Er würfelt einmal mit einem Laplace-Würfel und nimmt dann die gewürfelte Augenzahl als Note. Wie groß ist bei diesem Verfahren die Gefahr, dass in einer Klasse mit 20 Schülern die Drittelgrenze verletzt wird?

(c) Ein Grundkurslehrer verfährt folgendermaßen: Er legt in eine Urne eine Kugel mit der Nummer 0, zwei Kugeln mit der Nummer 1, drei Kugeln mit der Nummer 2 und n Kugeln mit der Nummer 3. Er zieht zwei Kugeln mit einem Griff und gibt die Summe der Kugelnummern als Note.
Wie groß muss er n machen, damit mit mindestens 45% Fünfen oder Sechsen zu rechnen ist?

Aufgabe 6:

(a) Das Wetter in der Stadt Stochastingen ist entweder trocken oder nass. Die Meteorologen haben folgende Systematik entdeckt: Einem trockenen Tag folgt mit der Wahrscheinlichkeit 5/6 wieder ein trockener Tag und einem nassen Tag mit der Wahrscheinlichkeit 2/3 auch wieder ein nasser Tag. Ein Lehrer erreicht an einem nassen Montag Stochastingen mit seinem Kurs und will bis einschließlich Freitag bleiben.
Berechne die Wahrscheinlichkeit für folgende Ereignisse:
A : Am Donnerstag ist es nass.
B : Von Dienstag bis Donnerstag ist es trocken.

(b) Gegeben ist ein Zufallsexperiment mit der Ergebnismenge Ω und einem W-Maß P. Die Ereignisse A, B und C bilden eine disjunkte Zerlegung der Menge Ω.
Dabei ist $P(A \cup B) = p$, $P(B \cup C) = q$ und $P(A \cup C) = r$.
Berechne die Wahrscheinlichkeit der Ereignisse A, B und C. Welche Bedingungen müssen p,q und r dabei erfüllen?

(c) Auf einem Jahrmarkt bietet ein Glücksspieler den Zuschauern folgendes Spiel an: In einer Urne I sind 8 blaue und 12 weiße Kugeln, in einer Urne II 5 blaue und 10 weiße. Zunächst wirft man einen Laplace-Würfel.
Fällt die Augenzahl 1 oder 2, so zieht man aus der Urne I sieben Kugeln mit Zurücklegen, andernfalls aus der Urne II. Man gewinnt, falls genau drei blaue Kugeln gezogen werden. Lohnt es sich, ein Spielchen zu wagen?

(d) Auf Protest der Zuschauer ändert der in Wahrscheinlichkeitsrechnung unbedarfte Glücksspieler sein System. Man gewinnt nun, wenn mindestens zwei blaue Kugeln gezogen werden. Wie groß ist jetzt die Wahrscheinlichkeit eines Gewinns?

Aufgabe 7:

(a) In einer Urne liegen zehn Kugeln, die von 0 bis 9 nummeriert sind. Wie groß ist die Wahrscheinlichkeit folgender Ereignisse bei einer geordneten 2-Stichprobe mit Zurücklegen (ohne Zurücklegen):

A : Die Summe der gezogenen Ziffern ist 14.

B : Beim 2. Zug wird eine größere Ziffer gezogen als beim 1. Zug.

C : Es werden zwei ungerade Ziffern gezogen.

Untersuche, ob die Ereignisse A und B beim zweifachen Ziehen mit Zurücklegen (beim zweifachen Ziehen ohne Zurücklgen) unabhängig sind.

(b) Bei einem Spiel wird aus der Urne von (a) zufällig eine Kugel entnommen. Ist die gezogene Ziffer mindestens 7, so erhält der Spieler von der Bank 6 DM. Bei den übrigen Ausgängen wird nichts bezahlt. Wie viel muss der Bankhalter pro Spiel fordern, falls er

(α) auf lange Sicht weder einen Gewinn noch einen Verlust erwartet,

(ß) bei 100 Spielen einen Gewinn von zusammen 20 DM erwartet?

(c) Eine Urne enthält 6 weiße und 4 schwarze Kugeln. Ein Punkt wird nach folgenden Regeln in der kartesischen Koordinatenebene bewegt: Zu Beginn befindet er sich im Koordinatenursprung. Man zieht aus der Urne eine Kugel; ist die gezogene Kugel schwarz, dann bewegt man den Punkt um eine Einheit nach rechts; andernfalls bewegt man ihn um eine Einheit nach oben. Bestimme die möglichen Endpunkte nach vier Schritten und berechne die Wahrscheinlichkeiten, mit denen diese Endpunkte erreicht werden.

Wie groß ist die Wahrscheinlichkeit, dass die x-Koordinate nach insgesamt 10 Schritten nicht größer als 5 ist?

(d) Eine Urne enthält 5000 Kugeln mit der Ziffer 0 sowie 5000 Kugeln mit der Ziffer 1. Zu diesen 10000 Kugeln werden weitere 10000 Kugeln hinzugefügt. Von den letzteren weiß man, dass sie entweder alle die Ziffer 0 oder alle die Ziffer 1 tragen. Um eine Aussage über die hinzugefügten Kugeln machen zu können, zieht man eine geordnete 20-Stichprobe mit Zurücklegen. Wenn in der Stichprobe mindestens 11-mal eine Kugel mit der Ziffer 0 auftritt, entscheidet man sich dafür, dass die hinzugefügten Kugeln die Ziffer 0 tragen, andernfalls für die Ziffer 1. Wie groß ist die Wahrscheinlichkeit, dass man eine falsche Entscheidung trifft?

Aufgabe 8:

(a) Zwei Personen A und B spielen ein Münzspiel mit einer Laplace-Münze. Nachdem A bei zehn, B bei acht Würfen gewonnen hat, vereinbaren sie, die Münze noch viermal zu werfen. Wie groß ist die Wahrscheinlichkeit eines Gesamtsieges von A, eines Gesamtsieges von B oder eines Unentschiedens?

(b) In einer Urne befinden sich 12 bis auf die Farbe völlig gleichartige Kugeln: 2 rote und 10 weiße. Es wird insgesamt achtmal auf gut Glück eine Kugel gezogen; nach Feststellung der Farbe wird die gezogene Kugel wieder in die Urne zurückgelegt. Berechne die Wahrscheinlichkeit:

(α) Es werden genau zwei rote Kugeln gezogen, und zwar unmittelbar nacheinander.

(ß) Es werden zwei rote Kugeln gezogen, allerdings nicht unmittelbar nacheinander.

(c) An einem Tennisturnier nehmen 5 amerikanische und 3 deutsche Spieler teil. Jeder spielt gegen jeden. Ein Zuschauer sucht sich wahllos eine Partie des Turniers aus. Mit welcher Wahrscheinlichkeit sieht er ein Spiel zwischen einem Deutschen und einem Amerikaner?

(d) Bei einem falschen Würfel tritt die Sechs mit der Wahrscheinlichkeit 0,2, die gegenüberliegende Eins mit der Wahrscheinlichkeit 0,08 auf. Alle übrigen Augenzahlen sind gleichwahrscheinlich. Ein Spieler beginnt mit dem Würfel ein Glücksspiel mit einem bestimmten Startkapital K. Jedesmal wenn bei einem Wurf eine Sechs fällt, so verdoppelt sich das augenblickliche Kapital des Spielers; andernfalls hat er 1 DM an die Bank zu zahlen. Nach dem 3. Wurf endet das Spiel?

(α) Welche Beträge können sich als Endkapital ergeben?

(ß) Welches durchschnittliche Endkapital erwartet der Spieler pro Spiel, wenn er viele Spiele durchführt?

(γ) Mit welchem Mindestkapital muss er anfangen, damit für ihn das Spiel vorteilhaft wird?

Aufgabe 9:

(a) Jemand hat zwei Urnen X und Y vor sich. Er weiß, dass sich 4 schwarze und 6 weiße Kugeln in der Urne X, dagegen 8 schwarze und 2 weiße Kugeln in der Urne Y befinden. Er weiß jedoch nicht, welches die Urne X und welches die Urne Y ist. Er wählt eine beliebige Urne aus und zieht daraus zehnmal mit Zurücklegen. Er entscheidet sich für Urne X, wenn er weniger als 6 schwarze Kugeln zieht, andernfalls für die Urne Y. Mit welcher Wahrscheinlichkeit trifft er die richtige Entscheidung?

(b) Es sei Ω die Ergebnismenge eines Zufallsexperiments und P ein W-Maß.
Zeige: Bilden die Ereignisse A, B und C eine disjunkte Zerlegung von Ω und ist E ein beliebiges Ereignis, so gilt

$$P(E) = P(A) \cdot P(E \mid A) + P(B) \cdot P(E \mid B) + P(C) \cdot P(E \mid C) .$$

(c) In einem Topf befinden sich sehr viele Lose, so dass die Entnahme nur weniger Lose die Gewinnchance nicht verändert. Von 200 Losen gewinnen 10. Wie viele Lose muss man zumindest ziehen, damit die Wahrscheinlichkeit, wenigstens ein Gewinnlos zu ziehen, größer als 0,8 ist?

Aufgabe 10:

(a) Ein Prüfer gibt eine Liste von 8 Fragen heraus. Bei der Prüfung wird er dem jeweiligen Kandidaten zwei davon vorlegen, und dieser muss eine davon bearbeiten.

(α) Ein bequemer Prüfling B bereitet sich nur auf eine der 8 Fragen vor. Wie groß ist die Wahrscheinlichkeit, dass er "seine" Frage gestellt bekommt?

(ß) Ein fleißiger Prüfling F bereitet sich auf 6 der 8 Fragen vor. Wie groß ist die Wahrscheinlichkeit, dass er wenigstens eine der vorbereiteten Fragen vorgelegt bekommt?

(γ) Wie viele Fragen muss der schlaue Prüfling S vorbereiten, damit er mit einer Wahrscheinlichkeit, die größer als 50% ist, auf mindestens eine vorbereitete Frage stößt?

(b) Ein Angetrunkener kommt nach Hause und möchte die Haustür aufschließen. Er besitzt 5 Schlüssel, von denen nur einer passt. Er probiert willkürlich einen Schlüssel nach dem anderen ohne Wiederholung durch. Berechne die Wahrscheinlichkeit, dass er höchstens 3 Schlüssel durchprobieren muss.

(c) Wie groß ist die Wahrscheinlichkeit, dass im Lotto mindestens ein Paar benachbarter Zahlen gezogen wird?

(d) Ein Taxistand ist für 10 Taxen vorgesehen. Aus Erfahrung ist bekannt, dass sich ein Taxi durchschnittlich 12 Minuten je Stunde am Standplatz aufhält. Genügt es, den Standplatz für drei wartende Wagen anzulegen, ohne dass dadurch in mehr als 15% der Fälle ein Taxi keinen Platz findet?

Aufgabe 11:

(a) Wie viele verschiedene Wörter zu je 7 Buchstaben, einschließlich der sinnlosen Wörter, können aus den 7 Buchstaben des Wortes

(α) ZUSTAND

(ß) ZOOLOGE

(γ) BEGEBEN

gebildet werden?

(b) In einem Text kommt in 20% aller Wörter zumindest einmal der Buchstabe a vor. Aus diesem Text werden zufällig neun Wörter 'mit Zurücklegen' ausgewählt. Wie groß ist die Wahrscheinlichkeit folgender Ereignisse:

A : Genau zwei Wörter enthalten mindestens einmal den Buchstaben a.

B : Höchstens drei Wörter enthalten mindestens einen Buchstaben a.

C : Wenigstens drei Wörter enthalten zumindest einen Buchstaben a.

(c) In einem Text haben 15% aller Wörter mindestens ein u und kein i. 20% aller Wörter haben mindestens ein i, jedoch kein u. Die Buchstaben i und u treten unabhängig voneinander auf. Berechne den Anteil der Wörter, in denen beide Buchstaben i und u vorkommen, falls bekannt ist, dass dieser unter 50% liegt.

ANHANG

Tabelle I : Fakultäten n !

n	n !
1	1
2	2
3	6
4	24
5	120
6	720
7	5 040
8	40 320
9	362 880
10	3 628 800

n	n !
11	39 916 800
12	479 001 600
13	6 227 020 800
14	87 178 291 200
15	1 307 674 368 000
16	20 922 789 888 000
17	355 687 428 096 000
18	6 402 373 705 728 000
19	121 645 100 408 832 000
20	2 432 902 008 176 640 000

Tabelle II : k-Permutationen einer n-elementigen Menge $(n)_k$

n \ k	1	2	3	4	5	6	7	8	9	10	11	12
1	1											
2	2	2										
3	3	6	6									
4	4	12	24	24								
5	5	20	60	120	120							
6	6	30	120	360	720	720						
7	7	42	210	840	2520	5040	5040					
8	8	56	336	1680	6720	20160	40320	40320				
9	9	72	504	3024	15120	60480	181440	362880	362880			
10	10	90	720	5040	30240	151200	604800	1814400	3628800	3628800		
11	11	110	990	7920	55440	332640	1663200	6652800	19958400	39916800	39916800	
12	12	132	1320	11880	95040	665280	3991680	19958400	79833600	239500800	479001600	479001600

Hinweis: Es gilt $(n)_k = \binom{n}{k} \cdot k! = \frac{n!}{(n-k)!}$

Beispiele: $(10)_3 = 10! / 7! = 720$; $(9)_7 = 9! / 2! = 181\,440$

Tabelle III : Binomialkoeffizienten $\binom{n}{k}$

n \ k	0	1	2	3	4	5	6	7	8	9	10	11	12
0	1												
1	1	1											
2	1	2	1										
3	1	3	3	1									
4	1	4	6	4	1								
5	1	5	10	10	5	1							
6	1	6	15	20	15	6	1						
7	1	7	21	35	35	21	7	1					
8	1	8	28	56	70	56	28	8	1				
9	1	9	36	84	126	126	84	36	9	1			
10	1	10	45	120	210	252	210	120	45	10	1		
11	1	11	55	165	330	462	462	330	165	55	11	1	
12	1	12	66	220	495	792	924	792	495	220	66	12	1
13	1	13	78	286	715	1287	1716	1716	1287	715	286	78	13
14	1	14	91	364	1001	2002	3003	3432	3003	2002	1001	364	91
15	1	15	105	455	1365	3003	5005	6435	6435	5005	3003	1365	455
16	1	16	120	560	1820	4368	8008	11440	12870	11440	8008	4368	1820
17	1	17	136	680	2380	6188	12376	19448	24310	24310	19448	12376	6188
18	1	18	153	816	3060	8568	18564	31824	43758	48620	43758	31824	18561
19	1	19	171	969	3876	11628	27132	50388	75582	92378	92378	75582	50388
20	1	20	190	1140	4845	15504	38760	77520	125970	167960	184756	167960	125970
21	1	21	210	1330	5985	20349	54264	116280	203490	293930	352716	352716	293930
22	1	22	231	1540	7315	26334	74613	170544	319770	497420	646646	705432	646646
23	1	23	253	1771	8855	33649	100947	245157	490314	817190	1144066	1352078	1352078
24	1	24	276	2024	10626	42504	134596	346104	735471	1307504	1961256	2496144	2704156
25	1	25	300	2300	12650	53130	177100	480700	1081575	2042975	3268760	4457400	5200300

Hinweis: Es gilt $\binom{n}{k} = \binom{n}{n-k}$ **Beispiele:** $\binom{14}{3} = 364$; $\binom{17}{15} = \binom{17}{2} = 136$